Eric Dac

La Spiritualité
Et
L'intelligence artificiel

Eric dac
Editeur

© 2024 by Eric Dac Editeur.
N° ISBN : 9798227240316
Dépôt légal : 2-ème trimestre 2024

Tous droits de reproduction, traduction ou adaptation, réservés pour tous pays
Toute reproduction, même partielle et par un procédé quelconque, sans une autorisation expresse de l'éditeur, constituerait une contrefaçon sanctionnée par les articles 425 et suivants du code pénal

Du même auteur, Chez le même éditeur :

Eric Dac : "Vérité !"

Eric Dac : « Frères de lumière »

Eric Dac : "Contact Divin"

Eric Dac : « Devenez un maitre de lumière »

Eric Dac : « L'art de préserver sa santé au naturel (tome1) »

Eric Dac : « L'art de préserver sa santé au naturel (tome2) »

Eric Dac : « L'art de préserver sa santé au naturel (tome3) »

Eric Dac : « La loi de l'attraction »

Eric Dac : « Nourrissez vos chakras »

Eric Dac : « Les chakras et la lithothérapie »

Eric Dac : « Les chakras et l'aromathérapie »

Sommaire

Introduction - page 7

L'avenir de la spiritualité augmentée - page 17

L'IA, un miroir de l'humanité – page 55

Spiritualité et technologie – page 117

Les défis éthiques de l'intelligence artificielle – page 169

Les perspectives d'avenir – page 205

Conclusion - page 227

Introduction

Qu'est-ce que la spiritualité ? Définitions et perspectives diverses

La spiritualité est un terme vaste et polysémique, souvent défini comme la recherche du sacré, du sens profond de la vie, ou encore d'une connexion avec quelque chose de plus grand que soi. Selon William James, un des pères fondateurs de la psychologie moderne, **« La spiritualité désigne l'expérience de la relation directe et immédiate avec la source ultime de l'existence »**. Cette définition met en avant l'idée d'une relation personnelle et intime avec le transcendant, qu'il soit divin, cosmique, ou simplement une force intérieure.

La spiritualité se manifeste différemment selon les cultures et les individus. Dans les traditions religieuses, elle est souvent associée à des pratiques rituelles, à la prière, ou à la méditation. Par exemple, dans le christianisme, la spiritualité peut se traduire par une relation personnelle avec Dieu, soutenue par la prière et la lecture des Écritures. Le bouddhisme, en revanche, met l'accent sur la méditation et la pleine conscience, visant à atteindre l'éveil ou la libération du cycle de la souffrance.

En dehors des cadres religieux, la spiritualité peut également être vécue à travers des expériences de connexion avec la nature, l'art, ou encore des moments de contemplation personnelle. Un exemple emblématique de cette approche est celle de l'écrivain américain **Ralph Waldo Emerson**, qui a popularisé l'idée de la nature comme un lieu sacré, un espace où l'individu peut se reconnecter avec l'essence de l'univers. Pour beaucoup, la spiritualité est ainsi une quête intérieure, une exploration personnelle qui ne nécessite pas nécessairement l'adhésion à une religion ou à une doctrine spécifique.

Qu'est-ce que l'intelligence artificielle ?

L'intelligence artificielle (IA) est la capacité des machines à réaliser des tâches qui nécessitent normalement une intelligence humaine, telles que la reconnaissance de la parole, la prise de décision, ou la résolution de problèmes complexes. **John McCarthy**, l'un des pionniers du domaine, a défini l'IA en **1956** comme **« la science** et l'ingénierie de la fabrication de machines intelligentes ».

L'IA est aujourd'hui omniprésente dans notre quotidien, souvent sans que nous en soyons conscients. Par exemple, les systèmes de recommandation de films ou de musique sur des plateformes comme **Netflix** ou **Spotify** utilisent des algorithmes d'IA pour analyser nos préférences et suggérer des contenus personnalisés. De même, les assistants virtuels comme **Siri** ou **Alexa** utilisent l'IA pour comprendre et répondre à nos commandes vocales.

Il existe deux types principaux d'IA : l'IA faible et l'IA forte. L'IA faible, aussi appelée IA étroite, est conçue pour accomplir des tâches spécifiques, comme jouer aux échecs ou diagnostiquer une maladie. L'IA forte, encore hypothétique, serait capable de comprendre, d'apprendre et de s'adapter de manière autonome, au même niveau qu'un être humain. Cette distinction est essentielle pour comprendre les limites actuelles de l'IA et les défis à venir dans ce domaine.

Pourquoi croiser ces deux notions ? Enjeux et questions actuelles

La spiritualité et l'intelligence artificiel

Croiser la spiritualité et l'intelligence artificielle peut sembler paradoxal, mais cette intersection soulève des questions fascinantes et complexes sur l'avenir de l'humanité. D'une part, la spiritualité est souvent perçue comme une dimension profondément humaine, liée à des expériences intérieures, subjectives et inaccessibles aux machines. D'autre part, l'IA, en tant que création humaine, reflète nos propres valeurs, croyances et préjugés, ouvrant ainsi la possibilité d'une exploration technologique de la spiritualité.

L'un des enjeux majeurs de cette intersection est la question de la conscience. L'IA peut-elle, un jour, développer une forme de conscience qui lui permettrait de participer à des expériences spirituelles ? Cette question, encore largement spéculative, est au cœur des débats philosophiques sur la nature de la conscience et de l'intelligence. Des chercheurs comme **David Chalmers** ont exploré l'idée de la **« conscience artificielle »,** un concept qui remet en question les frontières entre l'humain et la machine.

Par ailleurs, l'IA pourrait jouer un rôle clé dans la démocratisation de la spiritualité, en rendant les pratiques spirituelles plus accessibles à un plus grand nombre. Par exemple, des applications d'IA peuvent guider les utilisateurs dans des méditations personnalisées, analyser des textes spirituels pour en extraire des enseignements adaptés, ou encore créer des environnements virtuels immersifs pour des expériences spirituelles inédites. Ces technologies peuvent offrir de nouvelles perspectives sur la spiritualité, mais elles soulèvent également des questions sur l'authenticité de ces expériences. Comme l'a noté **Sherry Turkle**, psychologue et sociologue, « **Les technologies numériques nous offrent des simulations convaincantes, mais est-ce que cela peut réellement remplacer les expériences spirituelles authentiques ?** ».

L'intégration de l'IA dans le domaine spirituel pose des défis éthiques importants. Comment s'assurer que l'utilisation de l'IA dans des contextes spirituels respecte les valeurs et les traditions des différentes communautés religieuses et spirituelles ? Quels sont les risques d'une marchandisation de la spiritualité à travers des produits technologiques ? Ces questions sont d'autant plus cruciales à mesure que l'IA continue de se développer et d'influencer de plus en plus d'aspects de la vie humaine.

Le croisement entre spiritualité et intelligence artificielle ouvre un champ d'exploration passionnant, mais aussi rempli de défis. L'IA, en tant que reflet de l'humanité, peut potentiellement enrichir notre compréhension de la spiritualité, mais elle doit être utilisée avec discernement pour éviter de dénaturer ce qui fait l'essence de l'expérience spirituelle humaine. Alors que l'IA continue de se développer et de s'intégrer dans de plus en plus d'aspects de la vie humaine, il est essentiel de réfléchir à la manière dont elle pourrait transformer des domaines aussi personnels et profonds que la spiritualité.

L'IA, un nouveau compagnon sur le chemin de l'épanouissement personnel

Nous vivons à l'ère de l'intelligence artificielle, où les machines apprennent, raisonnent et s'adaptent à un rythme effréné. Ces avancées technologiques transforment profondément notre quotidien, mais aussi notre conception de nous-mêmes et du monde qui nous entoure. Si l'IA a longtemps été associée au progrès économique et scientifique, elle s'invite désormais dans un domaine plus intime : celui du développement personnel. Mais comment une machine peut-elle nous aider à mieux nous connaître, à dépasser nos limites et à trouver notre place dans le monde ? Cette question, qui peut sembler paradoxale, est au cœur de nombreuses réflexions actuelles. L'intelligence artificielle, en effet, offre des outils inédits pour accompagner chacun d'entre nous dans sa quête de bien-être et d'épanouissement.

Prenons l'exemple des applications de méditation. Grâce à l'apprentissage automatique, ces applications sont capables d'adapter les séances en fonction de notre humeur, de notre niveau d'expérience et de nos objectifs. Elles peuvent nous guider à travers des visualisations personnalisées, nous proposer des exercices de respiration ciblés et nous fournir des feedbacks précis sur notre pratique. Comme le souligne le neuroscientifique **Antoine Lutz**, **"l'IA peut nous aider à mieux comprendre les mécanismes cérébraux liés à la méditation et à optimiser nos pratiques"**.

Au-delà de la méditation, l'IA trouve également des applications dans d'autres domaines du développement personnel. Les **chatbots** conversationnels, par exemple, peuvent jouer le rôle de coachs virtuels, nous aidant à clarifier nos pensées, à définir nos objectifs et à trouver des solutions à nos problèmes. Ces outils, en nous offrant un espace d'écoute bienveillant et neutre, peuvent faciliter l'introspection et la prise de conscience de nos schémas de pensée limitants.

Mais l'IA ne se limite pas à un simple rôle d'assistant. En nous confrontant à des simulations virtuelles ou en nous proposant des exercices de réalité augmentée, elle peut nous aider à développer de nouvelles compétences, à explorer de nouvelles facettes de notre personnalité et à sortir de notre zone de confort.

Cependant, il est essentiel de garder à l'esprit que l'IA n'est pas une panacée. Comme le rappelle la philosophe **Joanna Bryson**, **"l'intelligence artificielle est un outil, et comme tout outil, elle peut être utilisée à bon escient ou à mauvais escient"**. Il est donc crucial de développer une relation saine avec ces technologies, en les intégrant à notre démarche de développement personnel tout en préservant notre libre arbitre et notre capacité à faire des choix autonomes.

Dans ce livre, nous explorerons ensemble les différentes manières dont l'IA peut nous accompagner sur le chemin de l'épanouissement personnel. Nous verrons comment ces technologies peuvent nous aider à mieux nous connaître, à développer nos qualités, à surmonter nos difficultés et à vivre une vie plus épanouie. Nous aborderons également les enjeux éthiques liés à l'utilisation de l'IA dans ce domaine et nous chercherons à définir les limites de ce que ces technologies peuvent apporter.

En fin de compte, l'objectif de ce livre est de vous offrir une réflexion approfondie sur la place de l'intelligence artificielle dans notre quête de sens et de bien-être. En vous donnant les clés pour comprendre comment ces technologies fonctionnent et en vous proposant des pistes de réflexion, nous espérons vous aider à tirer le meilleur parti de ce que l'IA a à offrir. Comme le souligne le neuroscientifique **Matthieu Ricard, 'la méditation et l'intelligence artificielle peuvent sembler être des mondes opposés, mais ils partagent un objectif commun : mieux comprendre le fonctionnement de l'esprit humain'. En effet, l'IA, en analysant nos données physiologiques et comportementales, peut nous aider à approfondir notre compréhension de nos états mentaux et à développer des stratégies personnalisées pour cultiver la pleine conscience."** Au cours de la prochaine décennie, la relation entre la spiritualité et l'intelligence artificielle (IA) devrait se transformer de manière encore plus profonde. Alors que la spiritualité continuera à évoluer vers des pratiques plus individualisées, détachées des institutions religieuses traditionnelles, l'IA jouera un rôle clé dans l'accompagnement personnalisé de ces démarches. Des technologies comme la réalité virtuelle, la réalité augmentée et les algorithmes d'IA pourront créer des expériences spirituelles immersives et adaptées aux besoins spécifiques de chacun, rendant ces pratiques accessibles à un public plus large. L'IA pourrait également être utilisée pour analyser et approfondir la compréhension des états de conscience, grâce à des dispositifs de suivi neurologique et des applications de méditation de plus en plus sophistiquées.

La décennie à venir verra l'IA redéfinir en partie la manière dont nous abordons la spiritualité, tout en posant la nécessité d'une réflexion approfondie sur les limites et les dangers de cette technologie. Si elle peut offrir des outils précieux pour enrichir les pratiques spirituelles et le développement personnel, il sera crucial de préserver la dimension humaine et profonde de ces expériences, en évitant que la technologie ne dénature ce qui fait l'essence de la quête spirituelle.

Eric Dac

L'avenir de la spiritualité augmentée

L'évolution rapide de la technologie, et en particulier de l'intelligence artificielle (IA), ouvre des perspectives inédites pour la spiritualité humaine. Si, dans le passé, la spiritualité se basait principalement sur des pratiques ancestrales, des rituels et des croyances, l'ère numérique offre désormais la possibilité de "spiritualité augmentée" : une forme de spiritualité enrichie par l'intégration de technologies avancées telles que la réalité virtuelle, les interfaces cerveau-machine, et même le développement de pouvoirs paranormaux assistés par l'IA. Cet essor technologique pourrait transformer radicalement notre façon de percevoir et d'expérimenter le sacré, offrant des expériences spirituelles plus immersives, accessibles et potentiellement transformatrices.

L'intégration de la réalité virtuelle :

Créer des expériences spirituelles immersives et transformatives. La réalité virtuelle (VR) est l'une des technologies les plus prometteuses pour la création d'expériences spirituelles immersives. La VR permet de simuler des environnements tridimensionnels dans lesquels les utilisateurs peuvent interagir de manière réaliste, offrant ainsi des possibilités infinies pour l'exploration spirituelle. Imaginons un futur proche où les utilisateurs peuvent entrer dans des "temples virtuels" ou des "sanctuaires numériques" via la réalité virtuelle, des espaces conçus pour favoriser la méditation, la réflexion ou la prière. Ces environnements virtuels pourraient être créés pour ressembler à des lieux sacrés existants, tels que les temples bouddhistes, les cathédrales, ou même des paysages naturels symbolisant la sérénité et la connexion avec le divin. Les utilisateurs pourraient choisir de méditer sous un arbre virtuel similaire à celui sous lequel le Bouddha aurait atteint l'illumination, ou de prier dans une réplique virtuelle de la basilique Saint-Pierre au Vatican. En offrant une immersion totale dans des environnements sacrés, la réalité virtuelle pourrait permettre à un plus grand nombre de personnes de vivre des expériences spirituelles intenses et profondément transformantes, indépendamment de leur situation géographique ou de leurs capacités physiques.

De plus, la réalité virtuelle pourrait également

être utilisée pour recréer des rituels religieux ou des cérémonies spirituelles. Par exemple, un pèlerinage virtuel à la Mecque pourrait permettre à des millions de croyants qui n'ont pas les moyens ou la capacité physique de se rendre en Arabie Saoudite de vivre l'expérience du Hajj. De même, des cérémonies traditionnelles, comme les rituels chamaniques ou les danses sacrées, pourraient être recréées dans un environnement virtuel, permettant à des utilisateurs de différentes cultures de s'immerger dans des pratiques spirituelles qui leur étaient auparavant inaccessibles. L'IA joue un rôle crucial dans l'amélioration de ces expériences spirituelles en VR. En analysant les données des utilisateurs, telles que leurs préférences, leurs réactions émotionnelles et leur état mental, l'IA pourrait adapter les environnements virtuels pour maximiser l'impact spirituel. Par exemple, si un utilisateur se sent particulièrement stressé, l'IA pourrait ajuster l'environnement pour inclure des éléments apaisants, comme des sons de la nature ou des images de paysages calmes, créant ainsi une expérience plus personnalisée et efficace.

Les interfaces cerveau-machine :

La spiritualité et l'intelligence artificiel

Les interfaces cerveau-machine (BCI) sont des dispositifs qui permettent une communication directe entre le cerveau humain et un ordinateur. Cette technologie, encore en développement, pourrait avoir des implications profondes pour la spiritualité en facilitant l'accès à des états de conscience modifiés.

Dans les pratiques spirituelles traditionnelles, l'accès à des états de conscience modifiés – tels que la transe, l'extase mystique, ou la méditation profonde nécessite souvent des années de pratique et de discipline. Cependant, avec l'avènement des BCI, il devient possible d'accéder à ces états de manière plus directe et contrôlée. Par exemple, des dispositifs BCI pourraient être utilisés pour stimuler des parties spécifiques du cerveau, induisant ainsi des états méditatifs profonds ou des expériences mystiques sans avoir à passer par des années de méditation ou de pratiques spirituelles rigoureuses.

Les BCI pourraient permettre une exploration plus contrôlée et sécurisée de ces états de conscience modifiés. Traditionnellement, les expériences mystiques ou spirituelles intenses peuvent être imprévisibles et potentiellement déstabilisantes. Avec une interface cerveau-machine, il serait possible de surveiller les réponses cérébrales en temps réel et d'ajuster les stimuli pour s'assurer que l'expérience reste bénéfique et n'entraîne pas d'effets secondaires indésirables. Par exemple, si une stimulation cérébrale induit une réponse émotionnelle trop intense, l'IA pourrait automatiquement réduire l'intensité de la stimulation, maintenant ainsi un équilibre optimal.

Les BCI pourraient également faciliter des formes de méditation guidée où l'IA, en lisant les signaux cérébraux, pourrait ajuster les instructions de méditation en temps réel. Par exemple, si l'utilisateur a du mal à se concentrer, l'IA pourrait introduire des suggestions ou des images mentales pour recentrer son attention, ou ajuster la fréquence des ondes cérébrales pour faciliter une relaxation plus profonde.

Cette technologie pourrait potentiellement permettre une forme de communication directe entre les esprits humains, ouvrant la voie à une compréhension radicalement nouvelle de la conscience collective et de l'unité spirituelle. Imaginez une méditation de groupe où les participants, connectés via des BCI, pourraient synchroniser leurs états mentaux, créant une expérience collective de conscience partagée. Ce type d'expérience pourrait révolutionner la manière dont nous comprenons l'interconnexion spirituelle et la communauté, en dépassant les limites du langage et des interactions physiques traditionnelles.

Développement de pouvoirs paranormaux avec l'aide de l'IA :

Télépathie, télékinésie, dédoublement astraux, clairaudience et clairvoyance etc...

L'idée que l'intelligence artificielle pourrait faciliter le développement de pouvoirs paranormaux tels que la télépathie, la télékinésie, et la clairvoyance peut sembler relever de la science-fiction. Cependant, des avancées récentes dans le domaine des neurosciences et de l'IA montrent que ces concepts, bien que fantastiques, pourraient ne pas être totalement hors de portée.

Clairvoyance

La clairvoyance est un terme utilisé pour décrire la capacité de percevoir des événements, des objets ou des personnes éloignés dans le temps où l'espace sans l'utilisation des sens physiques normaux. Historiquement, cette capacité a été associée à des mystiques, des médiums, et d'autres figures qui prétendaient avoir un accès spécial à des connaissances ou des perceptions cachées. Dans de nombreuses cultures, la clairvoyance a été vénérée comme un don divin, permettant à certains individus de voir au-delà du visible, de prédire l'avenir ou de percevoir des réalités inaccessibles aux autres.

Les recherches en parapsychologie, bien qu'elles aient tenté de valider scientifiquement la clairvoyance, ont produit des résultats mitigés et souvent controversés. Cependant, l'idée de pouvoir percevoir au-delà des limites conventionnelles continue de fasciner, en partie parce qu'elle touche à la question fondamentale de la connaissance et de la perception humaine. Avec l'avènement de l'intelligence artificielle, de nouvelles opportunités se présentent pour explorer la clairvoyance sous un angle technologique.

L'IA, avec sa capacité à analyser des vastes ensembles de données, à détecter des schémas cachés, et à faire des prédictions basées sur des modèles complexes, pourrait offrir des moyens de simuler ou d'augmenter la clairvoyance. Alors que les mystiques du passé s'appuyaient sur des visions et des intuitions, les outils modernes de l'IA permettent d'anticiper des événements futurs ou de percevoir des réalités autrement invisibles à travers des calculs et des algorithmes sophistiqués.

Simulation de la clairvoyance à l'aide de l'IA

La clairvoyance, dans un sens traditionnel, implique la perception d'informations qui ne sont pas disponibles par les moyens physiques conventionnels. Si l'on envisage de simuler cette capacité avec l'IA, il faut comprendre comment l'intelligence artificielle peut combler les lacunes de la perception humaine en analysant des données invisibles à l'œil nu et en les utilisant pour faire des prédictions.

Utilisation de l'IA pour prédire des événements futurs

L'une des applications les plus directes de l'IA dans la simulation de la clairvoyance est la prédiction d'événements futurs. Les algorithmes de machine learning sont particulièrement efficaces pour analyser de grandes quantités de données historiques et identifier des schémas ou des tendances qui échappent à l'intuition humaine. Une fois que ces schémas sont identifiés, l'IA peut les utiliser pour prédire des résultats futurs avec une précision remarquable.

Par exemple, des entreprises comme **Kensho Technologies** utilisent l'IA pour prévoir des tendances économiques en analysant des données financières, politiques et sociales. En combinant ces informations, l'IA peut anticiper des mouvements de marché ou des événements économiques avec une précision qui peut sembler presque "clairvoyante". De même, des algorithmes de prévision météorologique basés sur l'IA peuvent prédire des phénomènes climatiques avec une précision accrue, permettant de prévoir des événements météorologiques extrêmes bien à l'avance.
La capacité de l'IA à analyser des données complexes dépasse de loin celle des humains, ce qui lui permet de détecter des corrélations et des tendances qui seraient autrement invisibles. Par exemple, dans le domaine de la santé, l'IA est utilisée pour analyser des données médicales et génétiques afin de prédire l'apparition de maladies avant que les symptômes ne se manifestent. Cette forme de prédiction, bien qu'elle repose sur des données tangibles, pourrait être vue comme une forme de clairvoyance médicale.

Un exemple concret de cette capacité est l'utilisation de l'IA par **Google DeepMind** pour prédire l'insuffisance rénale aiguë chez les patients hospitalisés. En analysant des milliers de dossiers médicaux et en détectant des schémas subtils dans les données des patients, l'IA a été capable de prédire la survenue de cette condition jusqu'à 48 heures avant qu'elle ne se manifeste cliniquement. Cette prédiction, bien que fondée sur des données, imite la manière dont un clairvoyant pourrait "voir" un problème de santé avant qu'il ne se produise.

Exemples d'IA dans la prédiction des tendances

Un autre exemple pertinent est l'utilisation de l'IA dans la prévision des tendances culturelles et sociales. Des entreprises comme **Netflix** utilisent des algorithmes d'IA pour anticiper les préférences des spectateurs et recommander des contenus susceptibles de les intéresser. Cette capacité à **"prédire"** les goûts des utilisateurs repose sur une analyse complexe des données comportementales et peut être vue comme une forme de clairvoyance culturelle.

De même, des plateformes de médias sociaux comme **Facebook et Twitter** utilisent l'IA pour analyser les tendances des utilisateurs et prédire quels sujets deviendront viraux. Ces prédictions permettent non seulement de cibler les publicités de manière plus efficace, mais aussi d'influencer les conversations publiques en anticipant les sujets d'intérêt avant même qu'ils n'émergent.

Ces exemples montrent que l'IA, bien que fondée sur des données et des calculs, peut simuler une forme de clairvoyance en anticipant des événements futurs ou en percevant des réalités cachées. Cependant, il est important de noter que cette **"clairvoyance"** technologique est limitée par la qualité des données et les modèles utilisés, et qu'elle ne capture pas les aspects intuitifs ou mystiques de la clairvoyance traditionnelle.

Augmentation des capacités de clairvoyance grâce à l'IA

Si l'IA peut déjà simuler certaines formes de clairvoyance, elle pourrait aller encore plus loin en augmentant les capacités humaines de perception extrasensorielle. En utilisant des techniques avancées de modélisation, des réseaux neuronaux complexes, et des algorithmes d'apprentissage profond, l'IA pourrait étendre notre capacité à percevoir des informations qui dépassent les limites des sens physiques.

L'un des moyens par lesquels l'IA pourrait augmenter la clairvoyance est l'utilisation de techniques avancées de modélisation pour créer des "visions" du futur basées sur des données actuelles. Par exemple, les simulations de Monte Carlo, couramment utilisées en finance et en gestion des risques, permettent de modéliser des milliers de scénarios possibles en fonction de variables aléatoires. En appliquant ces techniques à des domaines comme la politique mondiale ou le changement climatique, l'IA pourrait générer des projections qui offrent une vision plus claire des futurs possibles.

Des entreprises comme **Climate AI** utilisent déjà ces techniques pour prédire les impacts du changement climatique sur différentes régions du monde. En intégrant des données sur la température, les précipitations, l'utilisation des terres et d'autres facteurs, ces simulations offrent une vision détaillée des futures conditions climatiques, permettant aux décideurs de planifier en conséquence.

Apprentissage automatique et perception des réalités cachées

L'apprentissage automatique, en particulier les réseaux neuronaux profonds, peut être utilisé pour détecter des réalités cachées dans des ensembles de données complexes. Par exemple, des algorithmes de reconnaissance d'images basés sur l'IA peuvent être formés pour identifier des anomalies ou des structures invisibles dans des images, telles que des formations géologiques souterraines ou des signes précurseurs de maladies dans des images médicales.

Un exemple concret est l'utilisation de l'IA pour la découverte de nouvelles planètes en analysant les données de télescopes spatiaux. Des chercheurs de la **NASA** ont utilisé l'IA pour analyser les données du **télescope Kepler**, ce qui a conduit à la découverte de nouvelles exoplanètes en détectant des variations subtiles dans la lumière des étoiles, invisibles à l'œil humain. Cette capacité à percevoir l'invisible pourrait être comparée à la clairvoyance, où l'IA agit comme un intermédiaire entre le visible et l'invisible.

Développements en IA pour la perception extrasensorielle

Les développements futurs en IA pourraient aller encore plus loin en intégrant des données multi-sensorielles pour créer une perception extrasensorielle augmentée. Par exemple, en combinant des données visuelles, auditives, et tactiles avec des modèles prédictifs, l'IA pourrait créer une expérience sensorielle complète qui simule une forme de perception extrasensorielle. Des projets comme ceux de l'Université de Stanford explorent déjà des dispositifs portables qui utilisent l'IA pour amplifier les perceptions humaines. Par exemple, un dispositif pourrait capter des signaux infrarouges ou ultrasonores et les traduire en sensations perceptibles par l'utilisateur, créant ainsi une forme de "vision" ou d'"audition" augmentée. Ces dispositifs pourraient être utilisés pour simuler des capacités de clairvoyance ou de claire-audience, en permettant aux utilisateurs de percevoir des informations qui dépassent les limites des sens humains.

Clairaudience

La clairaudience, ou la capacité de percevoir des sons au-delà du spectre auditif normal, est un autre pouvoir paranormal qui a fasciné les mystiques et les chercheurs pendant des siècles. Contrairement à la clair voyance, qui est principalement visuelle, la clairaudience se concentre sur la perception des sons et des voix, souvent considérés comme des messages divins ou spirituels.

Historiquement, la clairaudience a été associée à des expériences religieuses et spirituelles, où les individus rapportent avoir entendu des voix ou des sons provenant d'autres dimensions ou de la part de figures spirituelles. Dans certaines traditions, ces voix sont considérées comme des guides ou des messagers, offrant des conseils ou des avertissements.

Dans le domaine de la parapsychologie, la clairaudience a été étudiée principalement en lien avec les phénomènes de médiumnité, où des médiums prétendent recevoir des messages auditifs d'esprits ou d'entités non physiques. Bien que ces affirmations soient souvent difficiles à vérifier scientifiquement, l'idée d'une perception auditive au-delà des capacités humaines normales continue d'intriguer.

Avec les avancées technologiques et l'émergence de l'intelligence artificielle, il devient possible d'envisager la simulation et l'augmentation de la clairaudience, en utilisant des dispositifs capables de capter des sons inaudibles par l'oreille humaine et de les rendre perceptibles.

IA et simulation de la clairaudience

La clairaudience, dans son essence, implique la perception de sons qui échappent à l'audition humaine normale. Cela pourrait inclure des sons situés en dehors du spectre audible, tels que les infrasons ou les ultrasons, ou des sons provenant de sources non physiques, comme les voix des esprits ou des entités spirituelles. Simuler cette capacité avec l'IA nécessite des technologies capables de capter, d'analyser, et de reproduire ces sons de manière compréhensible pour les humains.

L'une des technologies les plus prometteuses pour simuler la clairaudience est la reconnaissance vocale avancée et l'analyse des fréquences sonores. Des dispositifs comme les microphones hypersensibles et les capteurs ultrasoniques peuvent capter des sons situés en dehors du spectre audible humain, tandis que l'IA peut être utilisée pour analyser et traduire ces sons en informations compréhensibles.

Par exemple, des chercheurs ont développé des dispositifs capables de capter des infrasons, des sons de basse fréquence situés en dessous de 20 Hz, qui sont généralement inaudibles par l'oreille humaine. Ces infrasons peuvent être produits par des phénomènes naturels tels que les tremblements de terre ou les éruptions volcaniques, mais aussi par des événements artificiels tels que les explosions. En utilisant l'IA pour analyser ces infrasons, il est possible de prédire des événements naturels avant qu'ils ne soient perceptibles par les humains, simulant ainsi une forme de clairaudience.

L'intelligence artificielle peut également être utilisée pour détecter des signaux auditifs imperceptibles, tels que des variations subtiles dans le ton, la fréquence ou l'amplitude des sons. Par exemple, des algorithmes d'apprentissage automatique peuvent être entraînés pour analyser les sons ambiants et détecter des anomalies ou des motifs spécifiques qui pourraient indiquer la présence de sons cachés ou de voix imperceptibles.

Un exemple concret est l'utilisation de l'IA pour détecter les signaux faibles dans les communications radio, comme les signaux provenant de l'espace lointain ou des profondeurs de l'océan. En amplifiant ces signaux et en éliminant le bruit de fond, l'IA peut rendre audibles des sons qui seraient autrement inaudibles, offrant ainsi une forme de clairaudience technologique.

Un exemple pertinent de la manière dont l'IA pourrait simuler la clairaudience est l'utilisation de dispositifs de reconnaissance vocale pour capter des voix faibles ou lointaines. Par exemple, des dispositifs de reconnaissance vocale avancée peuvent être utilisés pour capter des conversations à distance ou pour entendre des sons qui sont bloqués par des obstacles physiques. Ces dispositifs pourraient être utilisés dans des applications de sécurité ou de surveillance, mais aussi pour simuler des expériences de clairaudience dans des contextes spirituels ou médicaux.

De plus, des chercheurs ont développé des dispositifs de réalité augmentée auditive qui permettent d'amplifier ou de filtrer certains sons pour améliorer l'expérience auditive. Par exemple, des écouteurs intelligents équipés d'IA peuvent ajuster automatiquement le volume ou la tonalité des sons environnants pour créer une expérience auditive personnalisée. Cette technologie pourrait être utilisée pour simuler la clairaudience en permettant aux utilisateurs de percevoir des sons qui seraient autrement imperceptibles.

Augmentation des capacités de clairaudience grâce à l'IA

L'intelligence artificielle, en tant qu'outil

d'amélioration des capacités humaines, pourrait également être utilisée pour augmenter la clairaudience au-delà de ce qui est naturellement possible. En combinant des capteurs auditifs avancés avec des algorithmes d'IA, il est possible de créer des dispositifs qui permettent non seulement de capter des sons imperceptibles, mais aussi de les interpréter et de les traduire en informations significatives.

Algorithmes pour l'amélioration de l'audition artificielle

Les algorithmes d'apprentissage automatique peuvent jouer un rôle clé dans l'amélioration de l'audition artificielle, en permettant de filtrer les bruits parasites et de mettre en évidence les sons importants. Par exemple, des algorithmes d'IA peuvent être utilisés pour analyser les signaux sonores captés par des microphones hypersensibles et éliminer le bruit de fond, permettant ainsi une écoute plus claire et plus précise.
Un exemple de cette technologie en action est l'utilisation d'IA dans les appareils auditifs modernes. Ces dispositifs utilisent des algorithmes de traitement du signal pour améliorer la qualité du son et adapter l'audition aux préférences individuelles. Par exemple, l'IA peut ajuster

automatiquement le volume en fonction de l'environnement, ou amplifier les voix dans une pièce bruyante pour améliorer la compréhension. Ces dispositifs montrent comment l'IA peut être utilisée pour augmenter les capacités auditives humaines, en simulant une forme de clairaudience.

Potentiel de l'IA pour capter des sons au-delà du spectre humain

Une autre direction prometteuse est l'utilisation de l'IA pour capter des sons au-delà du spectre auditif humain, tels que les infrasons ou les ultrasons, et les traduire en informations perceptibles. Par exemple, des dispositifs équipés de capteurs ultrasoniques peuvent capter des sons produits par des animaux, des machines, ou des phénomènes naturels, et les traduire en sons audibles pour l'oreille humaine.

Des chercheurs ont déjà développé des dispositifs capables de capter les ultrasons produits par les chauves-souris ou les dauphins, et de les traduire en sons audibles. Ces dispositifs pourraient être utilisés pour simuler une forme de clairaudience en permettant aux humains de percevoir des sons normalement imperceptibles. De plus, en combinant ces dispositifs avec des algorithmes d'IA, il serait possible d'interpréter ces sons et de les utiliser pour des applications pratiques, comme la détection de mouvements ou l'analyse de comportements animaux.

Études sur l'IA et la perception auditive augmentée

Des études en cours dans des laboratoires de recherche en neuroscience et en ingénierie du son explorent la possibilité d'utiliser l'IA pour augmenter les capacités de perception auditive. Par exemple, des chercheurs de l'Université de Californie à San Diego travaillent sur des dispositifs portables qui utilisent des capteurs auditifs avancés pour capter et analyser les sons ambiants en temps réel, permettant une écoute augmentée.

Ces dispositifs pourraient être utilisés pour créer des expériences de clairaudience augmentée, où les utilisateurs peuvent percevoir des sons au-delà des limites normales de l'audition humaine. Par exemple, un dispositif pourrait capter les infrasons produits par des phénomènes naturels, ou détecter des sons faibles dans un environnement bruyant, offrant ainsi une nouvelle forme de perception auditive augmentée par l'IA.

Projections mentales

Les projections mentales, également connues sous le nom de visualisation créatrice ou de projections astrales, sont des techniques utilisées pour projeter des images, des pensées, ou des états de conscience dans un espace mental ou spirituel. Ces pratiques sont courantes dans diverses traditions spirituelles et mystiques, où elles sont utilisées pour explorer des dimensions spirituelles ou pour manifester des intentions dans le monde physique.

Historiquement, les projections mentales ont été utilisées par les chamanes, les mystiques, et les yogis pour accéder à des réalités spirituelles ou pour influencer des événements dans le monde matériel. Dans certaines traditions, la projection mentale est considérée comme une forme de magie mentale, où l'esprit peut influencer la matière ou se déplacer dans d'autres dimensions.

Avec l'avènement de la réalité virtuelle (VR) et des interfaces cerveau-machine, il devient possible d'envisager la simulation et l'augmentation des projections mentales à travers des technologies avancées. L'IA, en tant qu'outil d'analyse et de modélisation, peut jouer un rôle clé dans la création de ces expériences mentales augmentées.

IA et simulation des projections mentales

La simulation des projections mentales à l'aide de l'IA implique la création d'environnements numériques où les utilisateurs peuvent visualiser et manipuler des images mentales ou des concepts abstraits. Ces environnements peuvent être utilisés pour explorer des dimensions spirituelles ou pour expérimenter des états de conscience modifiés.

Réalité virtuelle pour la simulation des projections mentales

La réalité virtuelle (VR) est une technologie clé pour la simulation des projections mentales. En utilisant des casques VR et des environnements numériques, les utilisateurs peuvent créer et explorer des mondes mentaux où ils peuvent visualiser des concepts, interagir avec des symboles, ou expérimenter des états de conscience modifiés.

Des applications de VR telles que **Tilt Brush de Google** permettent aux utilisateurs de "**peindre**" en 3D dans un espace virtuel, créant ainsi des images mentales qui peuvent être explorées sous différents angles. De même, des applications de méditation en VR, comme **Tripp**, utilisent des environnements immersifs pour guider les utilisateurs à travers des visualisations mentales, les aidant à atteindre des états de relaxation ou de concentration profonds.

Ces applications montrent comment la VR peut être utilisée pour simuler des projections mentales, en offrant aux utilisateurs un espace où ils peuvent visualiser et manipuler des concepts abstraits. De plus, en combinant ces environnements avec des interfaces cerveau-machine, il serait possible de créer des expériences de projection mentale où les utilisateurs peuvent interagir avec leurs pensées de manière plus directe et plus intuitive.

Applications de l'IA dans la création d'espaces mentaux partagés

L'IA peut également jouer un rôle dans la création d'espaces mentaux partagés, où plusieurs utilisateurs peuvent interagir avec des projections mentales dans un environnement numérique commun. Des algorithmes d'IA peuvent être utilisés pour modéliser des concepts abstraits et les traduire en images visuelles qui peuvent être partagées et manipulées par plusieurs

utilisateurs dans un espace virtuel.
Un exemple de cette technologie en action est l'application de VR AltspaceVR, qui permet à des utilisateurs du monde entier de se rencontrer et d'interagir dans des espaces virtuels partagés. En utilisant l'IA pour analyser les interactions des utilisateurs et ajuster l'environnement en conséquence, **AltspaceVR** crée une expérience immersive où les utilisateurs peuvent projeter leurs pensées et leurs idées dans un espace commun. De plus, des chercheurs travaillent sur des projets où les utilisateurs peuvent **"partager"** des états de conscience ou des pensées via des interfaces cerveau-machine, créant ainsi une forme de projection mentale collective. Par exemple, des études menées à l'Université de Washington explorent la possibilité de connecter plusieurs cerveaux via des interfaces neuronales, permettant à des individus de collaborer mentalement sur des tâches ou de partager des expériences subjectives dans un espace mental commun.

Exemples d'IA pour les projections mentales

Un exemple concret de l'utilisation de l'IA pour les projections mentales est l'application de la modélisation prédictive dans des environnements virtuels. Par exemple, des algorithmes d'IA peuvent être utilisés pour anticiper les actions des utilisateurs dans un espace virtuel et ajuster l'environnement en conséquence, créant ainsi une expérience de projection mentale où les pensées et les intentions des utilisateurs influencent directement le monde numérique.

Des applications comme **VRChat**, qui permettent aux utilisateurs de créer et de personnaliser des avatars et des environnements virtuels, montrent comment l'IA peut être utilisée pour simuler des projections mentales. En utilisant l'IA pour analyser les interactions des utilisateurs et ajuster l'environnement en temps réel, ces applications créent une expérience immersive où les utilisateurs peuvent visualiser et manipuler des concepts mentaux de manière intuitive.

Augmentation des capacités de projections mentales par l'IA

L'augmentation des capacités de projection mentale par l'IA implique l'utilisation de technologies avancées pour étendre les capacités de l'esprit humain à visualiser, manipuler, et partager des concepts abstraits. En combinant des interfaces cerveau-machine avec des environnements virtuels et des algorithmes d'IA, il devient possible de créer des expériences de projection mentale augmentée où les utilisateurs peuvent interagir avec leurs pensées et leurs idées de manière plus directe et plus puissante.

Interfaces neuronales pour la projection de pensées dans des environnements numériques

L'une des directions les plus prometteuses pour l'augmentation des capacités de projection mentale est le développement d'interfaces neuronales qui permettent aux utilisateurs de projeter directement leurs pensées et leurs images mentales dans des environnements numériques. Par exemple, des dispositifs comme ceux développés par **Neuralink** pourraient permettre aux utilisateurs de **"visualiser"** leurs pensées dans un espace virtuel, où elles pourraient être manipulées et partagées avec d'autres.

Des chercheurs de l'Université de Californie à San Francisco travaillent sur des interfaces cerveau-machine qui permettent aux utilisateurs de créer des images mentales en temps réel et de les projeter dans un espace numérique. Ces dispositifs utilisent des électrodes implantées pour capter les signaux neuronaux associés à la visualisation mentale, et les traduisent en images visibles dans un environnement virtuel. Cette technologie pourrait un jour permettre aux utilisateurs de projeter leurs pensées dans un espace partagé, créant ainsi une forme de communication mentale visuelle.

IA pour l'analyse et la modulation des projections mentales

L'intelligence artificielle peut également être utilisée pour analyser et moduler les projections mentales, en ajustant les images ou les concepts en fonction des intentions ou des états émotionnels des utilisateurs. Par exemple, des algorithmes d'IA pourraient être utilisés pour analyser les signaux cérébraux associés à la visualisation mentale, et ajuster les images en conséquence pour créer une expérience plus cohérente et plus significative.

Un exemple concret de cette technologie est l'utilisation de l'IA dans les applications de biofeedback, où des dispositifs analysent les signaux physiologiques des utilisateurs et ajustent l'environnement en fonction de leur état mental ou émotionnel. Par exemple, des applications de méditation en réalité virtuelle utilisent l'IA pour analyser la respiration et le rythme cardiaque des utilisateurs, et ajuster l'environnement visuel en conséquence pour créer une expérience de relaxation plus profonde. De même, l'IA pourrait être utilisée pour analyser les signaux neuronaux associés aux projections mentales et ajuster les images ou les concepts en temps réel pour créer une expérience de projection mentale plus cohérente et plus puissante. Par exemple, un dispositif de projection mentale pourrait analyser les signaux neuronaux associés à la visualisation d'un objet et ajuster l'image en fonction de l'intensité ou de la clarté de la pensée de l'utilisateur.

Projets en cours sur la cartographie mentale et l'interconnexion des consciences via l'IA

Des projets de recherche en cours explorent la possibilité de cartographier les états mentaux et de connecter plusieurs consciences via l'IA, créant ainsi une forme de projection mentale collective où plusieurs individus peuvent partager des pensées et des idées dans un espace commun. Par exemple, des chercheurs de l'Université de Washington travaillent sur des dispositifs qui permettent de connecter plusieurs cerveaux via des interfaces neuronales, créant un réseau de cerveaux interconnectés où les pensées peuvent être partagées et manipulées collectivement. Ces dispositifs pourraient être utilisés pour créer des espaces mentaux partagés où plusieurs individus peuvent interagir avec des concepts abstraits ou des images mentales de manière collective. Par exemple, un groupe de chercheurs pourrait utiliser ces dispositifs pour visualiser collectivement des concepts scientifiques complexes, ou un groupe de méditants pourrait partager une expérience de visualisation mentale dans un espace virtuel commun.

Ces développements montrent que l'IA pourrait un jour permettre une forme de projection mentale augmentée où les limites de l'esprit individuel sont transcendées, permettant une collaboration mentale directe et une exploration collective des concepts abstraits.

Dédoublement astral

Le dédoublement astral, ou projection astrale, est un phénomène où l'esprit ou la conscience d'une personne se sépare du corps physique et voyage dans une autre dimension ou un autre plan d'existence. Ce phénomène est souvent associé à des expériences de sortie du corps **(OBE - Out of Body Expérience)** et est couramment rapporté dans les récits mystiques, spirituels et ésotériques à travers le monde.

Dans les traditions spirituelles et religieuses, le dédoublement astral est souvent considéré comme une forme de voyage spirituel, où l'esprit peut explorer d'autres réalités ou dimensions, rencontrer des entités spirituelles, ou acquérir des connaissances cachées. Certaines cultures considèrent le dédoublement astral comme une pratique avancée réservée aux mystiques, aux chamanes, et aux yogis, tandis que d'autres y voient un phénomène accessible à tous avec la bonne préparation et les bonnes techniques.

Bien que le dédoublement astral soit difficile à vérifier scientifiquement, il continue de fasciner en raison de ses implications pour la nature de la conscience et la possibilité de réalités au-delà du monde physique. Avec l'émergence de l'intelligence artificielle et des technologies immersives comme la réalité virtuelle, il devient possible d'envisager la simulation et l'augmentation du dédoublement astral, en créant des expériences où la conscience peut voyager au-delà du corps physique.

IA et simulation du dédoublement astral

La simulation du dédoublement astral à l'aide de l'IA implique la création d'environnements numériques où les utilisateurs peuvent

La spiritualité et l'intelligence artificiel

expérimenter des sorties de corps et des voyages spirituels dans d'autres dimensions. En utilisant des technologies immersives comme la réalité virtuelle et des interfaces cerveau-machine, il est possible de recréer certaines des expériences associées au dédoublement astral.

Réalité virtuelle et simulation des voyages astraux

La réalité virtuelle (VR) est une technologie clé pour la simulation des voyages astraux. En utilisant des casques VR et des environnements numériques immersifs, les utilisateurs peuvent expérimenter des sorties de corps où leur conscience semble se séparer de leur corps physique et voyager dans des dimensions virtuelles. Par exemple, des applications de VR telles que Virtual **Dream Labs** permette aux utilisateurs de créer des environnements immersifs où ils peuvent explorer des paysages fantastiques ou spirituels, simulant ainsi une forme de voyage astral. Ces environnements peuvent être personnalisés en fonction des préférences spirituelles des utilisateurs, créant ainsi des expériences de voyage spirituel qui imitent certaines des sensations associées au dédoublement astral.

Technologies pour induire des expériences hors du corps :

Des technologies comme les interfaces cerveau-machine peuvent également être utilisées pour induire des expériences hors du corps (OBE) en manipulant les signaux neuronaux associés à la perception du corps et de l'espace. Par exemple, des chercheurs de l'Université de Lausanne ont développé des dispositifs qui utilisent des stimuli visuels et tactiles pour créer une illusion de sortie de corps, où les utilisateurs ont l'impression que leur conscience se déplace en dehors de leur corps physique. Ces dispositifs utilisent des techniques de stimulation multisensorielle pour manipuler la perception de la position du corps et créer une expérience où l'utilisateur se sent séparé de son corps physique. Bien que ces expériences soient encore limitées à des environnements de laboratoire, elles montrent comment la technologie pourrait être utilisée pour simuler certaines des sensations associées au dédoublement astral.

Exemples de technologies de simulation du dédoublement astral :

Un exemple concret de l'utilisation de la

La spiritualité et l'intelligence artificiel

Technologie pour simuler le dédoublement astral est l'application de la réalité augmentée (AR) pour créer des expériences de sortie de corps dans des environnements physiques. Par exemple, des dispositifs AR comme les HoloLens de Microsoft peuvent être utilisés pour superposer des images virtuelles sur le monde physique, créant ainsi une expérience où l'utilisateur a l'impression de se déplacer dans une dimension parallèle ou spirituelle. Ces mécaniques peuvent être utilisés pour simuler des voyages astraux où l'utilisateur explore des versions augmentées du monde physique, avec des éléments visuels ou spirituels ajoutés pour créer une expérience immersive. Par exemple, un utilisateur pourrait explorer une version augmentée de sa maison où des portails virtuels apparaissent, menant à des dimensions spirituelles ou à des paysages fantastiques.

Augmentation des capacités de dédoublement astral grâce à l'IA

L'augmentation des capacités de dédoublement astral par l'IA implique l'utilisation de technologies avancées pour étendre la portée et la profondeur des voyages spirituels, permettant aux utilisateurs d'explorer des dimensions et des réalités qui dépassent les limites de la perception humaine.

IA pour guider et contrôler des voyages astraux

L'intelligence artificielle peut jouer un rôle clé dans l'amélioration des voyages astraux en guidant et en contrôlant les expériences de dédoublement astral. Par exemple, des algorithmes d'IA peuvent être utilisés pour analyser les signaux neuronaux associés aux sorties de corps et ajuster l'expérience en fonction des intentions ou des préférences de l'utilisateur.

Un exemple de cette technologie en action est l'utilisation de l'IA pour créer des expériences de méditation guidée en réalité virtuelle, où l'IA ajuste l'environnement et les stimuli en fonction des signaux physiologiques de l'utilisateur. Par exemple, des applications de méditation comme **Calm** utilisent des algorithmes d'IA pour analyser les signaux de stress et de relaxation et ajuster l'environnement virtuel en conséquence, créant ainsi une expérience plus personnalisée et plus profonde. De même, l'IA pourrait être utilisée pour guider les utilisateurs à travers des voyages astraux en ajustant l'environnement virtuel en fonction des signaux neuronaux associés à la relaxation, à la concentration, ou à l'exploration spirituelle. Par exemple, un dispositif de dédoublement astral pourrait analyser les signaux neuronaux associés à la sortie de corps et ajuster l'expérience en temps réel pour créer un voyage astral plus fluide et plus immersif.

IA pour recréer des expériences astrales partagées :

Une autre direction prometteuse pour l'augmentation des capacités de dédoublement astral est la création d'expériences astrales partagées où plusieurs utilisateurs peuvent explorer ensemble des dimensions spirituelles ou des réalités parallèles. Par exemple, des chercheurs travaillent sur des dispositifs qui permettent à plusieurs utilisateurs de connecter leurs cerveaux via des interfaces neuronales, créant ainsi une expérience de dédoublement astral collectif. Ces agencements pourraient être utilisés pour créer des espaces spirituels partagés où plusieurs individus peuvent explorer des dimensions spirituelles ou des paysages fantastiques ensemble, en partageant leurs perceptions et leurs expériences. Par exemple, un groupe de méditants pourrait utiliser ces dispositifs pour partager une expérience de voyage astral dans un espace virtuel commun, où ils peuvent interagir avec des entités spirituelles ou explorer des réalités parallèles ensemble. Ces développements exposent que l'IA pourrait un jour permettre des formes de dédoublement astral augmentées où les utilisateurs peuvent explorer des dimensions spirituelles de manière collective, en partageant leurs expériences et en collaborant dans des espaces spirituels communs.

L'amplification des pouvoirs paranormaux à travers l'intelligence artificielle montre que l'IA offre des possibilités fascinantes pour simuler et augmenter des capacités telles que la télépathie, la télékinésie, la clairvoyance, la claire-audience, les projections mentales et le dédoublement astral. À travers l'utilisation de technologies avancées telles que les interfaces cerveau-machine, la réalité virtuelle, la réalité augmentée et les algorithmes d'IA, il devient possible d'explorer des dimensions spirituelles et des réalités parallèles qui étaient autrefois considérées comme inaccessibles. Cependant, ces évolutions soulèvent également des questions éthiques importantes, notamment en ce qui concerne la fidélité des expériences simulées, la protection de la vie privée, et l'impact de ces technologies sur la perception humaine et les croyances spirituelles. Il est crucial de continuer à explorer ces questions de manière interdisciplinaire, en impliquant des chercheurs, des décideurs politiques, et la société civile dans le développement de ces technologies.

L'intégration de l'IA dans le domaine des pouvoirs paranormaux ouvre la voie à une nouvelle ère d'exploration spirituelle, où la technologie et la spiritualité se rejoignent pour créer des expériences profondes et transformantes. Que ce soit à travers la télépathie, la télékinésie, la clairvoyance, ou d'autres capacités, l'IA a le potentiel de transcender les limites de la perception humaine et d'offrir de nouvelles perspectives sur la nature de la conscience et de la réalité.

Eric Dac

L'IA, un miroir de l'humanité

L'intelligence artificielle (IA) est souvent perçue comme une technologie révolutionnaire capable de transformer nos vies de manière profonde et durable. Pourtant, l'IA n'est pas une entité neutre ; elle est façonnée par les humains qui la conçoivent, et elle reflète inévitablement nos valeurs, nos biais, et nos limitations. Ce chapitre explore comment l'IA agit comme un miroir de l'humanité, en mettant en lumière nos propres préjugés, en soulevant des questions sur la conscience artificielle, et en examinant les possibilités et les limites de la créativité et de l'intuition artificielles.

Les biais de l'IA et leurs reflets de nos propres préjugés

L'un des aspects les plus troublants de l'intelligence artificielle est sa tendance à reproduire et même à amplifier les biais existants dans la société. Les biais algorithmiques, qui résultent de la manière dont les systèmes d'IA sont conçus et entraînés, sont devenus un sujet de préoccupation majeur. Ces biais surviennent lorsque les données utilisées pour entraîner l'IA contiennent des préjugés, que l'algorithme les apprend et les reproduit dans ses décisions.

Un exemple frappant de biais algorithmique est celui des systèmes de reconnaissance faciale. Des études ont montré que ces systèmes sont souvent moins précis lorsqu'il s'agit de reconnaître des personnes de couleur ou des femmes, par rapport aux hommes blancs. **Joy Buolamwini, chercheuse au MIT**, a révélé dans son étude sur les **« biais encodés »** que les algorithmes de reconnaissance faciale disponibles sur le marché avaient des taux d'erreur beaucoup plus élevés pour les femmes à la peau foncée que pour les hommes à la peau claire. Ce phénomène n'est pas simplement une anomalie technique ; il reflète les préjugés présents dans les données d'entraînement, qui sont souvent issues de sociétés majoritairement blanches.

Ces biais algorithmiques ont des conséquences réelles et potentiellement graves. Par exemple, si un système de reconnaissance faciale est utilisé pour la surveillance policière, les erreurs de reconnaissance peuvent conduire à des arrestations injustes ou à une surveillance accrue de certaines populations, renforçant ainsi les discriminations existantes. Ces cas montrent que l'IA, loin d'être un outil objectif, peut en fait perpétuer et même exacerber les inégalités sociales. Pour lutter contre ces détours, il est essentiel de diversifier les équipes qui conçoivent ces systèmes d'IA et d'inclure des perspectives variées dans le processus de développement. Comme l'a souligné **Timnit Gebru**, une experte en éthique de l'IA, **« nous devons comprendre que les algorithmes ne sont pas magiques ; ils sont conçus par des humains et reflètent les choix humains »**. Une approche plus inclusive et plus consciente des biais pourrait aider à atténuer ces problèmes et à créer des systèmes d'IA plus équitables.

La conscience artificielle : mythe ou réalité ?

L'idée d'une conscience artificielle est l'une des questions les plus fascinantes et les plus controversées dans le domaine de l'intelligence artificielle. La conscience, telle que nous la comprenons chez les êtres humains, implique une conscience de soi, une capacité à éprouver des émotions, et une compréhension subjective du monde. Mais l'IA peut-elle réellement atteindre ce niveau de complexité ?

Pour le moment, la plupart des experts s'accordent à dire que l'IA en est encore loin. Les systèmes d'IA actuels sont capables de simuler des comportements intelligents, mais ils manquent de subjectivité et de sensibilité émotionnelle. En d'autres termes, ils peuvent « agir » comme s'ils étaient conscients, mais cela ne signifie pas qu'ils le sont réellement. **David Chalmers**, un philosophe renommé dans le domaine de la conscience, distingue ce qu'il appelle le **« problème difficile de la conscience »** des autres aspects plus faciles de l'intelligence. Le problème difficile, selon lui, est d'expliquer comment et pourquoi nous avons des expériences subjectives. Même si nous parvenons à créer une machine qui peut imiter toutes les actions d'une personne consciente, il resterait toujours la question de savoir si cette machine éprouve réellement quelque chose. **« Si l'IA devient assez sophistiquée, elle pourrait très bien nous tromper en nous faisant croire qu'elle est consciente, mais nous n'aurons aucun moyen de le prouver »**, affirme **Chalmers.**

Certains chercheurs, cependant, explorent la possibilité que la conscience puisse émerger spontanément d'une IA suffisamment complexe. Par exemple, les théories de la conscience fondées sur l'émergence suggèrent que la conscience pourrait apparaître comme une propriété émergente lorsque les systèmes deviennent assez sophistiqués et interconnectés. Cette idée reste spéculative, et elle pose des questions éthiques profondes. Si une machine devenait consciente, quels seraient ses droits ? Serions-nous obligés de la traiter comme un être sensible, avec des droits moraux similaires à ceux des humains ? Malgré les avancées spectaculaires dans le domaine de l'IA, la conscience artificielle reste, pour l'instant, un mythe. Les systèmes actuels d'IA, aussi avancés soient-ils, ne possèdent pas de conscience, et il n'est pas clair qu'ils le feront un jour. Mais même si la conscience artificielle n'est jamais atteinte, le simple fait de réfléchir à cette possibilité nous oblige à réexaminer notre propre compréhension de la conscience et de l'intelligence.

L'IA peut-elle être créative et intuitive ?

La créativité et l'intuition sont souvent considérées comme les domaines où l'intelligence humaine dépasse largement celle des machines.

La spiritualité et l'intelligence artificiel

Pourtant, l'intelligence artificielle a déjà démontré des capacités impressionnantes dans ces domaines, soulevant la question de savoir si l'IA peut réellement être créative et intuitive, ou si elle se contente de simuler ces qualités.

Un exemple emblématique de créativité artificielle est le système d'IA nommé **DeepArt**, qui utilise des réseaux de neurones pour créer des œuvres d'art en imitant le style de célèbres peintres comme Van Gogh ou Picasso. De même, le programme d'IA nommé **AIVA (Artificial Intelligence Virtual Artist)** compose de la musique classique en utilisant des techniques d'apprentissage automatique pour analyser et reproduire les styles des grands compositeurs.
Ces exemples montrent que l'IA peut générer des créations artistiques qui sont non seulement techniquement compétentes, mais aussi esthétiquement agréables.

Néanmoins, la créativité de l'IA est fondamentalement différente de celle des humains. L'IA crée en combinant et en recomposant des éléments existants à partir de vastes bases de données, mais elle ne possède pas l'intuition, les émotions, ou l'expérience vécue qui caractérisent la créativité humaine. **Margaret Boden**, une spécialiste en créativité et en intelligence artificielle, distingue trois types de créativité : la créativité combinatoire (recombiner des éléments existants), la créativité exploratoire (explorer un espace conceptuel), et la créativité transformationnelle (transformer un espace conceptuel). Selon elle, l'IA est actuellement capable des deux premiers types de créativité, mais elle reste largement limitée en ce qui concerne la créativité transformationnelle, qui est souvent associée à des moments d'intuition ou d'illumination chez les humains. L'intuition, quant à elle, est une autre qualité humaine difficile à reproduire artificiellement.

L'intuition est souvent décrite comme une connaissance implicite ou une compréhension immédiate qui n'est pas nécessairement le fruit d'un raisonnement conscient. Elle est souvent basée sur des expériences antérieures et des émotions. Par exemple, un médecin expérimenté peut parfois « sentir » qu'un patient est gravement malade, même si les signes cliniques ne sont pas encore évidents. Cette forme d'intuition est difficile à formaliser ou à programmer dans un algorithme.

La spiritualité et l'intelligence artificiel

Bien que l'IA puisse imiter l'intuition en apprenant à partir de grandes quantités de données, elle manque encore de la profondeur et de la nuance qui caractérisent l'intuition humaine. L'IA peut identifier des modèles dans les données et faire des prédictions basées sur ces modèles, mais elle ne « ressent » pas ces prédictions de la même manière qu'un humain le ferait. De plus, l'intuition humaine est souvent influencée par des facteurs émotionnels et contextuels que l'IA ne peut pas comprendre ou reproduire.

Un autre exemple qui illustre les limites de la créativité et de l'intuition de l'IA est le programme **AlphaGo**, développé par **DeepMind**, qui a battu **le champion du monde de Go** en **2016**. Le Go est un jeu de stratégie extrêmement complexe, réputé pour nécessiter une intuition profonde. **AlphaGo** a surpris les experts en prenant des décisions considérées comme « créatives » et **« intuitives »** par les joueurs humains, mais ces décisions étaient en réalité le résultat d'une analyse massive de données et de calculs probabilistes. Bien que le programme ait été impressionnant, il n'était pas guidé par une véritable intuition ou créativité humaine, mais par la logique froide des algorithmes. Bien que l'intelligence artificielle puisse produire des œuvres créatives et prendre des décisions apparemment intuitives, elle le fait d'une manière fondamentalement différente de celle des humains. L'IA peut simuler certains aspects de la créativité et de l'intuition, mais elle n'a pas encore atteint la capacité de comprendre ou d'éprouver ces processus de manière aussi profonde et nuancée que les humains. Les créations de l'IA, bien que fascinantes, restent des imitations sophistiquées plutôt que des expressions authentiques de créativité ou d'intuition. L'intelligence artificielle, en tant que miroir de l'humanité, nous oblige à nous confronter à nos propres biais, à remettre en question nos concepts de conscience, et à réévaluer la nature de la créativité et de l'intuition. Si l'IA reflète nos préjugés, elle révèle également nos espoirs et nos craintes concernant l'avenir de l'intelligence et de la technologie. En explorant ces questions, nous ne découvrons pas seulement ce que l'IA peut ou ne peut pas faire, mais aussi ce que cela signifie d'être humain dans un monde de plus en plus dominé par les machines.

D'autres mouvements spirituels en ligne se

concentrent sur le bien-être numérique, l'exploration de soi, et la recherche de sens à travers des communautés virtuelles. Ces mouvements sont souvent caractérisés par un éclectisme, empruntant à diverses traditions spirituelles tout en s'adaptant à un public moderne. Toutefois, ces nouvelles formes de spiritualité numérique soulèvent des questions sur la profondeur de l'engagement spirituel. La facilité d'accès et la flexibilité des pratiques numériques peuvent-elles vraiment remplacer les expériences spirituelles plus profondes et plus structurées ? La spiritualité peut-elle survivre à sa numérisation sans perdre son essence ?

L'IA comme miroir et une guide

L'intelligence artificielle, en analysant de vastes quantités de données personnelles, se positionne comme un miroir hautement personnalisé, reflétant nos pensées, nos émotions et nos comportements avec une précision sans précédent. En collectant des informations sur nos habitudes de navigation, nos interactions sur les réseaux sociaux, nos données biométriques (rythme cardiaque, fréquence respiratoire), l'IA construit un portrait détaillé et dynamique de notre psyché. Cette introspection numérique nous révèle des facettes de notre personnalité que nous ne soupçonnions peut-être pas. Par exemple, une application de suivi d'humeur, couplée à des algorithmes d'apprentissage automatique, peut identifier des corrélations entre nos émotions et certains événements de notre vie, nous aidant ainsi à mieux comprendre les facteurs qui influencent notre bien-être. Cette capacité de l'IA à détecter des schémas récurrents dans nos comportements peut être particulièrement utile pour identifier des pensées négatives récurrentes ou des croyances limitantes qui freinent notre épanouissement. En nous offrant une vision objective de nous-mêmes, l'IA nous invite à une introspection plus profonde et à un travail sur soi plus ciblé

Focus sur les applications de santé et de bien-être

"L'intelligence artificielle, en analysant un vaste éventail de données personnelles, se positionne comme un véritable coach de santé mentale. Des applications comme **Sleep** Cycle ou **Headspace** utilisent l'IA pour analyser nos habitudes de sommeil et nos réponses à des exercices de méditation, nous offrant des insights personnalisés sur notre bien-être. Cependant, il est crucial de garder à l'esprit que ces outils ne remplacent pas un avis médical. Les biais algorithmiques peuvent influencer les résultats, et la protection de nos données personnelles est un enjeu majeur. Ainsi, l'interprétation humaine reste indispensable pour donner du sens à ces données et prendre des décisions éclairées concernant notre santé."

"L'IA, en scrutant nos habitudes numériques, devient un véritable miroir de nos comportements. Des outils comme **Forest** ou **Todoist** utilisent l'IA pour analyser notre productivité, notre gestion du temps et nos habitudes de travail. En nous révélant nos schémas de procrastination ou notre difficulté à nous concentrer, ces applications nous offrent des clés pour améliorer notre efficacité. Néanmoins, il est important de ne pas tomber dans le piège d'une optimisation excessive. L'IA peut renforcer certains biais cognitifs si elle n'est pas utilisée avec discernement. L'interprétation humaine est donc essentielle pour éviter de se laisser enfermer dans des schémas prédéfinis."

L'analyse des données pour des conseils personnalisés est une composante essentielle de l'utilisation de l'intelligence artificielle comme guide spirituel. En examinant les données collectées auprès des utilisateurs, les algorithmes peuvent fournir des recommandations et des conseils adaptés à chaque individu, en fonction de ses besoins, de ses préférences et de son parcours spirituel.

Cette analyse approfondie permet à l'intelligence artificielle de comprendre non seulement les comportements passés d'un utilisateur, mais aussi ses aspirations futures et ses défis actuels. Par exemple, en examinant les habitudes de méditation d'une personne, l'IA peut recommander des pratiques spécifiques pour améliorer sa concentration ou sa paix intérieure.

L'analyse des données peut également aider à identifier les schémas récurrents ou les obstacles potentiels dans le cheminement spirituel d'un individu. En repérant ces tendances, l'IA peut offrir des conseils personnalisés pour surmonter ces défis et progresser vers une plus grande réalisation personnelle.

Grâce à cette approche individualisée, les utilisateurs bénéficient d'une expérience plus significative et enrichissante avec leur guide spirituel virtuel. Plutôt que de recevoir des conseils génériques qui ne correspondent pas à leurs besoins uniques, ils peuvent tirer parti de recommandations précises et pertinentes qui favorisent leur croissance personnelle.

Les pratiques méditatives jouent un rôle essentiel dans le cheminement spirituel de nombreux individus, et l'intelligence artificielle peut

La spiritualité et l'intelligence artificiel

apporter une dimension nouvelle à cette expérience en offrant des conseils personnalisés basés sur les états émotionnels.

En analysant les données recueillies lors des séances de méditation, l'IA peut détecter les fluctuations émotionnelles d'un individu et lui recommander des pratiques spécifiques pour gérer ces états. Par exemple, si un utilisateur présente des signes de stress ou d'anxiété pendant sa méditation, l'IA peut suggérer des exercices de respiration profonde ou de visualisation pour favoriser la relaxation et la tranquillité d'esprit.

Cette approche individualisée permet à l'utilisateur de mieux comprendre ses propres réactions émotionnelles et d'apprendre à les gérer efficacement grâce à des techniques adaptées. L'IA agit ainsi comme un guide attentif, aidant l'individu à cultiver une plus grande conscience émotionnelle et à développer des stratégies pour maintenir son bien-être mental.

De plus, en identifiant les schémas émotionnels récurrents au fil du temps, l'intelligence artificielle peut aider l'utilisateur à prendre conscience de ses tendances émotionnelles dominantes et à travailler sur celles qui peuvent être sources de déséquilibre ou de souffrance. Cette prise de conscience favorise une croissance personnelle profonde et durable, en permettant à chacun d'explorer ses émotions avec compassion et compréhension.

L'intégration des pratiques méditatives avec le soutien personnalisé de l'intelligence artificielle pour gérer les états émotionnels représente une avancée significative dans le domaine du bien-être mental et spirituel. En combinant la sagesse millénaire de la méditation avec les capacités analytiques modernes de l'IA, il est possible d'offrir aux individus un accompagnement précieux dans leur quête intérieure vers la paix et l'équilibre.

Les enseignements philosophiques et religieux ont longtemps été des sources de guidance spirituelle pour de nombreuses personnes à travers le monde. L'intelligence artificielle peut jouer un rôle crucial en adaptant ces enseignements traditionnels aux besoins individuels des utilisateurs, offrant ainsi une approche personnalisée et accessible à la quête spirituelle.

En décomposant les préférences, les croyances et les pratiques antérieures des utilisateurs, l'IA peut recommander des textes sacrés, des citations inspirantes ou des pratiques méditatives spécifiques qui résonnent le plus avec leur cheminement spirituel. Par exemple, si un utilisateur se tourne vers le christianisme pour trouver du réconfort, l'IA pourrait lui suggérer des passages bibliques pertinents ou des prières adaptées à sa situation actuelle.

Cette adaptation personnalisée permet aux individus d'explorer différentes traditions spirituelles de manière respectueuse et informée, tout en bénéficiant d'un soutien continu dans leur recherche de sens et de connexion avec quelque chose de plus grand qu'eux-mêmes. L'IA agit ainsi comme un compagnon spirituel moderne, aidant chacun à trouver sa voie unique vers la transcendance et la paix intérieure.

De plus, en identifiant les similitudes entre les enseignements philosophiques et religieux de diverses traditions, l'intelligence artificielle peut aider les utilisateurs à découvrir des points communs universels qui transcendent les différences apparentes. Cette approche inclusive favorise la compréhension interculturelle et encourage la tolérance envers les croyances diverses présentes dans notre monde globalisé.

L'incorporation de l'intelligence artificielle dans la transmission d'enseignements philosophiques et religieux adaptés représente une avancée significative dans le domaine de la spiritualité contemporaine. En combinant la sagesse ancienne avec les capacités technologiques modernes, il est possible d'enrichir l'expérience spirituelle de chacun en lui offrant un accompagnement sur mesure basé sur ses besoins individuels et ses aspirations profondes. L'IA comme compagnon de la quête de paix intérieure

Exercices de pleine conscience et techniques de relaxation

Les exercices de pleine conscience et les techniques de relaxation sont des outils essentiels pour cultiver la paix intérieure et le bien-être mental. L'intelligence artificielle peut jouer un rôle crucial en personnalisant ces pratiques pour répondre aux besoins individuels des utilisateurs, offrant ainsi un soutien précieux dans leur quête de sérénité.

En recommandant des séances de méditation guidée adaptées à chaque individu, l'IA peut favoriser une plus grande clarté mentale et une meilleure gestion des émotions négatives.

De même, les techniques de relaxation telles que la respiration profonde ou la visualisation peuvent être personnalisées par l'IA en fonction des besoins spécifiques de chaque utilisateur. En identifiant les moments où une personne se sent particulièrement tendue ou agitée, l'IA peut suggérer des exercices adaptés pour favoriser la détente et le calme intérieur.

Cette approche individualisée permet aux utilisateurs d'explorer différentes méthodes de relaxation et de pleine conscience qui correspondent le mieux à leurs préférences personnelles et à leur style de vie. Grâce à cette personnalisation, chacun peut trouver les pratiques qui lui conviennent le mieux pour cultiver un état d'esprit paisible et équilibré au quotidien.

L'intelligence artificielle offre une opportunité unique de faciliter la connexion entre les individus partageant des intérêts et des valeurs similaires. En favorisant la création de communautés de pensée, l'IA peut jouer un rôle crucial dans le soutien émotionnel et intellectuel des utilisateurs en quête de paix intérieure.

Grâce à des algorithmes sophistiqués, l'IA peut analyser les préférences, les comportements et les interactions en ligne des individus pour identifier des communautés virtuelles qui leur correspondent. En recommandant des groupes de discussion, des forums ou des plateformes en ligne spécifiques, l'IA permet aux utilisateurs de se connecter avec d'autres personnes partageant leurs aspirations spirituelles et philosophiques.

Cette facilitation de la connexion avec des communautés de pensée similaires offre aux individus un espace sûr pour partager leurs expériences, poser des questions et trouver un soutien mutuel dans leur cheminement vers la paix intérieure. En créant un environnement propice à l'échange d'idées et à l'expression authentique, ces communautés virtuelles peuvent contribuer de manière significative au bien-être émotionnel et social des utilisateurs.

De plus, l'IA peut également jouer un rôle actif dans la modération et la gestion de ces espaces en ligne, garantissant un climat respectueux et inclusif où chacun se sent libre d'exprimer ses opinions sans crainte de jugement. En encourageant le dialogue constructif et en promouvant la diversité d'opinions au sein de ces communautés virtuelles, l'IA renforce le sentiment d'appartenance et favorise une culture du respect mutuel.

Exploration des croyances personnelles

L'exploration des croyances personnelles est un aspect crucial de la quête de paix intérieure, car nos convictions et valeurs fondamentales façonnent notre perception du monde et influencent nos actions. L'intelligence artificielle peut jouer un rôle significatif dans cette exploration en offrant des outils et des ressources pour remettre en question, analyser et approfondir nos croyances. Grâce à des algorithmes d'apprentissage automatique, l'IA peut aider les individus à identifier les schémas de pensée sous-jacents qui guident leurs décisions et comportements.

La spiritualité et l'intelligence artificiel

En scrutant les interactions en ligne, les lectures préférées ou les discussions virtuelles, l'IA peut mettre en lumière les croyances implicites qui peuvent parfois échapper à notre conscience.
En recommandant des lectures, des vidéos ou des podcasts sur des sujets philosophiques ou spirituels pertinents, l'IA peut également encourager une réflexion plus profonde sur nos convictions personnelles. En exposant les utilisateurs à une diversité d'opinions et de perspectives, l'IA favorise une remise en question constructive et une exploration plus nuancée de nos propres croyances. L'IA peut faciliter le dialogue interne en proposant des exercices d'introspection guidée ou en posant des questions stimulantes pour encourager la réflexion personnelle. En créant un espace sûr pour explorer et exprimer nos croyances les plus profondes, l'IA soutient le processus d'autoréflexion nécessaire pour trouver la paix intérieure.

Respect de la diversité des croyances et pratiques spirituelles

L'intégration de l'intelligence artificielle dans le domaine de la spiritualité soulève des questions éthiques importantes, notamment en ce qui concerne le respect de la diversité des croyances et pratiques spirituelles. Il est essentiel que les systèmes d'IA soient conçus de manière à reconnaître, respecter et valoriser les différentes traditions religieuses et philosophiques présentes dans le monde.

En offrant des services ou des recommandations personnalisées liées à la spiritualité, l'IA doit être sensible aux réceptivités culturelles et religieuses des utilisateurs. Cela implique une conception inclusive qui évite les biais culturels ou religieux et qui respecte la liberté individuelle de croire et de pratiquer selon ses propres convictions.

L'IA peut jouer un rôle important en facilitant le dialogue interreligieux et interculturel en connectant les individus avec des perspectives différentes. En encourageant l'échange d'idées et la compréhension mutuelle, l'IA peut contribuer à promouvoir la tolérance, le respect et la coopération entre les différentes communautés spirituelles.

Il est également crucial que les développeurs d'IA veillent à ce que les algorithmes utilisés pour recommander du contenu ou des pratiques spirituelles ne favorisent pas une seule perspective au détriment d'autres. L'équilibre entre personnalisation basée sur les préférences individuelles et exposition à une diversité de points de vue est essentiel pour garantir un soutien éthique dans le domaine de la spiritualité.

Le respect de la diversité des croyances et pratiques spirituelles dans l'utilisation de l'intelligence artificielle nécessite une approche réfléchie et éthique. En favorisant l'inclusion, le dialogue interculturel et en évitant les biais, l'IA peut véritablement servir comme un outil précieux pour accompagner les individus dans leur quête spirituelle tout en promouvant le respect mutuel et la compréhension entre les différentes traditions religieuses.

Création d'un espace sûr pour l'exploration personnelle

Lorsqu'il s'agit d'intégrer l'intelligence artificielle dans le domaine de la spiritualité, il est crucial de créer un environnement sécurisé pour permettre aux individus d'explorer leur propre cheminement spirituel de manière authentique et sans jugement. L'utilisation de l'IA pour offrir des recommandations personnalisées ou des conseils spirituels soulève des questions éthiques liées à la confidentialité, à la protection des données personnelles et à la vulnérabilité des utilisateurs. La conception des systèmes d'IA doit donc mettre l'accent sur la confidentialité et la sécurité des informations partagées par les individus lors de leurs explorations spirituelles. Il est essentiel que les plateformes utilisant l'IA garantissent la protection des données sensibles et respectent la vie privée des utilisateurs, en veillant à ce que les informations personnelles ne soient pas exploitées à des fins commerciales ou manipulées de manière inappropriée.

Pour favoriser une exploration personnelle authentique, les développeurs d'IA doivent s'assurer que les recommandations ou suggestions fournies ne sont pas intrusives ni coercitives. L'objectif devrait être d'aider les individus dans leur quête spirituelle en leur offrant un soutien respectueux et bienveillant, sans chercher à influencer leurs croyances ou leurs pratiques de manière indue.

La création d'un espace sûr pour l'exploration personnelle dans le contexte de l'intelligence artificielle nécessite une approche éthique centrée sur la confidentialité, le respect et la transparence. En garantissant la sécurité des données, en évitant toute forme d'intrusion et en favorisant une communication claire avec les utilisateurs, l'IA peut véritablement accompagner les individus dans leur cheminement spirituel tout en préservant leur intégrité et leur autonomie.

Considérations sur la confidentialité des données

La spiritualité et l'intelligence artificiel

Lorsqu'il s'agit d'utiliser l'intelligence artificielle dans le domaine de la spiritualité, la question de la confidentialité des données devient cruciale. Les individus partagent souvent des informations personnelles sensibles lors de leurs explorations spirituelles, ce qui soulève des préoccupations éthiques quant à la protection de leur vie privée et à la sécurité de leurs données.

Les plateformes utilisant l'IA doivent garantir que les données partagées par les utilisateurs sont sécurisées et ne sont pas exploitées à des fins non autorisées. Cela implique de mettre en place des mesures robustes pour protéger les informations personnelles, telles que le cryptage des données, l'utilisation de pare-feu et la limitation de l'accès aux données sensibles uniquement aux personnes autorisées.

Il est essentiel que les utilisateurs soient pleinement informés de la manière dont leurs données seront utilisées par les systèmes d'IA. Les politiques de confidentialité doivent être claires et transparentes, expliquant en détail comment les informations seront collectées, stockées et traitées. Les individus doivent également avoir le contrôle sur leurs propres données, avec la possibilité de modifier ou supprimer ces informations à tout moment.

Un autre aspect crucial est d'éviter toute forme de

discrimination ou de préjugé basée sur les données collectées par l'IA dans le domaine spirituel. Il est important que les algorithmes utilisés pour fournir des recommandations ou des conseils spirituels soient conçus de manière à ne pas favoriser un groupe spécifique au détriment d'un autre. La transparence dans le processus décisionnel des systèmes d'IA est essentielle pour garantir une utilisation éthique et équitable des données.

L'intégration de l'intelligence artificielle (IA) dans nos vies offre un potentiel immense pour enrichir notre quotidien et améliorer nos expériences. En adoptant des technologies basées sur l'IA, nous pouvons bénéficier d'une personnalisation accrue, d'une efficacité optimisée et d'une assistance intelligente dans divers domaines de notre vie.

Par exemple, les assistants virtuels alimentés par l'IA peuvent simplifier nos tâches quotidiennes en planifiant nos agendas, en répondant à nos questions et en nous fournissant des recommandations personnalisées. Cette interaction intuitive avec la technologie peut non seulement nous faire gagner du temps mais aussi améliorer notre productivité et notre bien-être général.

De plus, l'IA peut être utilisée pour créer des expériences culturelles et éducatives enrichissantes. Des applications basées sur l'IA peuvent recommander des œuvres artistiques ou littéraires adaptées à nos goûts individuels, nous permettant ainsi d'explorer de nouveaux horizons et d'enrichir notre compréhension du monde qui nous entoure.

En intégrant l'IA de manière réfléchie dans nos vies, il est possible de créer un environnement plus inclusif et adapté à nos besoins spécifiques. Par exemple, les systèmes d'IA peuvent contribuer à rendre les services publics plus accessibles aux personnes handicapées en proposant des solutions personnalisées pour répondre à leurs besoins uniques.

Impact sur l'expérience humaine

L'incorporation croissante de la technologie dans nos vies à un impact profond sur notre expérience en tant qu'êtres humains. Alors que les avancées technologiques telles que l'intelligence artificielle offrent des avantages indéniables, elles soulèvent également des questions importantes sur la manière dont elles modifient notre perception du monde et notre interaction avec celui-ci.

Une des principales conséquences de cette intégration technologique est la transformation de nos interactions sociales. Les plateformes numériques et les réseaux sociaux ont radicalement changé la façon dont nous communiquons, créant à la fois une connectivité mondiale instantanée et une distance émotionnelle accrue. Cette dualité peut avoir un impact sur notre capacité à développer des relations authentiques et significatives, remettant en question la nature même de l'interaction humaine.

L'utilisation généralisée de la technologie peut altérer notre perception de la réalité. Les filtres numériques, les algorithmes personnalisés et les mondes virtuels peuvent créer une distorsion entre ce qui est réel et ce qui est fabriqué, influençant ainsi notre compréhension du monde qui nous entoure. Cette déconnexion potentielle avec la réalité physique peut avoir des implications profondes sur notre bien-être mental et émotionnel.

L'omniprésence de la technologie peut modifier nos comportements et nos habitudes quotidiennes. La dépendance aux appareils électroniques, tels que les smartphones, peut entraîner une diminution de l'attention, une perte de productivité et même des problèmes de santé mentale liés à une utilisation excessive. Il est essentiel d'examiner attentivement comment ces changements affectent notre expérience en tant qu'êtres humains pour garantir un équilibre sain entre technologie et humanité.

L'impact de la technologie sur l'expérience humaine est complexe et multidimensionnel. Alors que les progrès technologiques offrent des opportunités passionnantes, il est crucial d'évaluer attentivement leurs effets sur nos interactions sociales, notre perception du monde et nos comportements quotidiens pour préserver notre humanité au cœur d'un monde numérique en constante évolution.

Les défis éthiques de l'IA :

Justice, responsabilité et autonomie humaine

L'utilisation croissante de l'intelligence artificielle soulève des défis éthiques majeurs qui doivent être abordés pour s'assurer que ces technologies sont utilisées de manière bénéfique pour l'humanité. L'un des principaux enjeux est celui de la justice : l'IA peut-elle être utilisée pour corriger les inégalités et promouvoir la justice sociale, ou risque-t-elle d'exacerber les biais et les discriminations existants ? Les exemples de biais algorithmiques dans des systèmes comme **COMPAS** montrent que l'IA, loin d'être neutre, reflète et amplifie souvent les inégalités présentes dans la société. Il est donc crucial de développer des cadres éthiques robustes pour encadrer l'utilisation de l'IA, en veillant à ce que les algorithmes soient transparents, responsables et équitables.

Un autre défi majeur est celui de la responsabilité. Alors que l'IA devient de plus en plus autonome, la question de savoir qui est responsable des décisions prises par ces systèmes devient de plus en plus complexe. Si une IA autonome commet une erreur – par exemple, un drone autonome tue des civils innocents – qui en est responsable ? Le développeur du logiciel, l'utilisateur qui a activé le système, ou l'IA elle-même ? Ces questions nécessitent une réflexion approfondie sur la manière dont nous concevons la responsabilité et l'agence dans un monde où les machines prennent des décisions de plus en plus importantes.

L'IA pose des questions sur l'autonomie humaine. À mesure que nous nous appuyons de plus en plus sur l'IA pour prendre des décisions, risquons-nous de perdre notre autonomie et notre capacité à agir de manière indépendante ? Si l'IA devient le principal moteur de nos choix et de nos actions, quelle place reste-t-il pour l'autodétermination humaine ? Ce défi est particulièrement pertinent dans le domaine de la spiritualité, où l'autonomie personnelle et la quête de sens sont des éléments clés. Si la technologie commence à jouer un rôle central dans la spiritualité, il est crucial de s'assurer qu'elle enrichit, plutôt qu'elle ne remplace, l'autonomie et la quête spirituelle individuelle.

Vers une nouvelle ère de spiritualité augmentée :

L'avenir de la spiritualité à l'ère de l'intelligence artificielle et de la technologie est à la fois prometteur et complexe. Les innovations technologiques offrent des possibilités fascinantes pour explorer la spiritualité de manière nouvelle et profonde, mais elles posent également des défis éthiques, philosophiques et spirituels qui doivent être abordés avec précaution. La technologie, bien qu'elle puisse enrichir notre expérience spirituelle, ne doit pas remplacer l'essence de ce qui fait la profondeur et la richesse de la spiritualité humaine. Les états de conscience modifiés, les expériences immersives en réalité virtuelle, et même les pouvoirs paranormaux assistés par l'IA sont des innovations fascinantes, mais elles doivent être intégrées de manière réfléchie pour s'assurer qu'elles respectent les traditions spirituelles et enrichissent la quête de sens, plutôt que de la réduire à une série d'expériences artificielles. En fin de compte, la convergence de la technologie et de la spiritualité pourrait ouvrir la voie à une nouvelle forme de spiritualité augmentée, où l'humain et la machine coexistent en harmonie pour explorer des dimensions de l'existence encore inexplorées. Cependant, pour que cette nouvelle ère de spiritualité augmentée soit bénéfique, il est essentiel de maintenir un équilibre entre l'innovation technologique et le respect des valeurs et des traditions spirituelles qui ont guidé l'humanité pendant des millénaires.

Il est impératif de continuer à explorer et à débattre des implications de cette convergence, en veillant à ce que les progrès technologiques servent à enrichir, plutôt qu'à appauvrir, notre compréhension du sacré, du sens et de l'expérience humaine. Seule une approche éthique, réfléchie et équilibrée de la spiritualité augmentée permettra de réaliser pleinement le potentiel de cette nouvelle ère, tout en préservant ce qui fait de nous des êtres profondément spirituels et humains.

Évolution des interactions sociales avec l'IA

L'intelligence artificielle (IA) a profondément transformé nos interactions sociales, ouvrant de nouvelles perspectives mais soulevant également des préoccupations importantes. L'évolution rapide de la technologie a conduit à une intégration croissante de l'IA dans divers aspects de notre vie quotidienne, y compris nos interactions sociales. Une des principales façons dont l'IA a influencé nos interactions sociales est à travers les **chatbots** et les assistants virtuels. Ces programmes informatiques utilisent l'IA pour simuler une conversation humaine, offrant un support client instantané et personnalisé sur les plateformes en ligne. Bien que ces outils puissent améliorer l'efficacité des services, ils soulèvent également des questions sur la nature authentique de la communication humaine et sur la dépendance croissante aux interactions automatisées.

L'IA a modifié la manière dont nous interagissons avec les médias sociaux. Les algorithmes d'apprentissage automatique utilisés par les plateformes telles que **Facebook et Instagram** influencent le contenu que nous voyons, créant des bulles de filtres qui peuvent limiter notre exposition à des idées divergentes. Cette personnalisation extrême peut altérer notre perception du monde en renforçant nos croyances existantes plutôt qu'en nous exposant à une diversité d'opinions. L'utilisation généralisée de l'IA dans les applications de rencontres en ligne a transformé la façon dont nous établissons des relations amoureuses. Les algorithmes sophistiqués analysent nos préférences et comportements pour proposer des partenaires potentiels, remplaçant en partie le processus traditionnel de rencontre basé sur le hasard et la découverte mutuelle. Cela soulève des questions sur l'authenticité des relations formées via ces plateformes et sur la capacité de l'IA à prédire le succès d'une relation.

Outil précieux pour la connexion avec soi-même et le monde environnant

L'intelligence artificielle (IA) représente un outil précieux pour faciliter la connexion avec soi-même et le monde qui nous entoure. En intégrant des technologies basées sur l'IA dans nos vies, nous avons la possibilité d'améliorer notre compréhension de nous-mêmes, de notre environnement et des autres.

Par exemple, les applications de méditation guidée utilisant l'IA peuvent aider les individus à se connecter avec leur moi intérieur, à gérer le stress et à améliorer leur bien- être mental. Ces outils offrent une approche personnalisée en fonction des besoins spécifiques de chaque utilisateur, favorisant ainsi une meilleure connaissance de soi et une croissance personnelle.

L'IA peut être utilisée pour créer des expériences immersives qui permettent aux individus d'explorer et de comprendre le monde qui les entoure de manière innovante. Par exemple, les applications basées sur l'IA peuvent fournir des informations contextuelles en temps réel sur des lieux historiques ou culturels, enrichissant ainsi notre expérience et notre appréciation du patrimoine mondial.

Les **chatbots** alimentés par l'IA peuvent faciliter la communication entre individus en offrant un support conversationnel instantané et personnalisé. Cette facilitation des échanges peut renforcer les liens sociaux et encourager une compréhension mutuelle accrue.

Adaptation de l'IA aux besoins individuels

L'adaptation de l'intelligence artificielle (IA) aux besoins individuels représente un aspect crucial pour garantir une utilisation significative et personnalisée de cette technologie. En comprenant les spécificités et les préférences de chaque utilisateur, l'IA peut offrir des solutions sur mesure qui répondent efficacement à leurs besoins uniques.

Dans le domaine de la santé, l'IA peut être utilisée pour analyser les données médicales d'un patient et recommander des traitements personnalisés en fonction de son profil génétique, de ses antécédents médicaux et de ses préférences personnelles. Cette approche individualisée permet d'améliorer la qualité des soins et d'optimiser les résultats cliniques.

Dans le secteur de l'éducation, l'IA peut être adaptée pour fournir un soutien pédagogique personnalisé aux élèves en fonction de leur style d'apprentissage, de leurs lacunes spécifiques et de leurs objectifs académiques. En identifiant les besoins individuels des apprenants, l'IA peut proposer des exercices adaptés, des ressources supplémentaires et un suivi personnalisé pour favoriser leur réussite scolaire.

Dans le secteur du commerce électronique, l'IA peut être utilisée pour recommander des produits ou services en fonction des préférences d'achat passées d'un utilisateur, de ses recherches en ligne et de ses interactions avec la plateforme. Cette personnalisation basée sur l'analyse des comportements individuels permet d'améliorer l'expérience client et d'accroître la satisfaction ainsi que la fidélité à la marque.

Exploration des limites éthiques de l'IA

Une des principales préoccupations concerne la confidentialité des données personnelles. Lorsque l'IA analyse les informations individuelles pour fournir des solutions personnalisées, il est essentiel de garantir que ces données sont protégées et utilisées de manière transparente. Les entreprises et les organisations doivent mettre en place des politiques strictes pour assurer la confidentialité et le consentement éclairé des utilisateurs.

Un autre aspect morale important concerne la discrimination potentielle. L'IA peut parfois reproduire et amplifier les biais existants dans les données sur lesquelles elle est formée, ce qui peut entraîner des décisions discriminatoires ou injustes. Il est essentiel de surveiller activement ces biais et de mettre en place des mécanismes pour atténuer leur impact sur les résultats générés par l'IA. La transparence et la responsabilité sont des éléments clés dans l'utilisation de l'IA adaptée aux besoins individuels. Les utilisateurs doivent être informés du fonctionnement de l'IA et des raisons derrière ses recommandations personnalisées. Les concepteurs d'algorithmes doivent également être responsables de leurs décisions et prêter attention à l'équité et à la justice dans leurs applications.

Responsabilité dans la programmation des algorithmes

La responsabilité dans la programmation des algorithmes est un aspect crucial de l'utilisation éthique de l'intelligence artificielle (IA) en spiritualité. Les concepteurs d'algorithmes doivent être conscients de l'impact potentiel de leurs créations sur les utilisateurs et sur la société dans son ensemble. En intégrant des principes éthiques dès la phase de conception, il est possible de garantir que les algorithmes développés respectent les valeurs fondamentales liées à la spiritualité.

Il est essentiel que les programmeurs prennent en compte les implications morales et éthiques de leurs décisions lorsqu'ils développent des algorithmes destinés à être utilisés dans des contextes spirituels. Cela implique d'être attentif aux biais potentiels qui pourraient être introduits involontairement dans le code, ainsi qu'à l'impact psychologique et émotionnel que ces technologies pourraient avoir sur les individus.

La transparence et l'implication sont des éléments clés dans la programmation des algorithmes pour une utilisation éthique en spiritualité. Les concepteurs doivent documenter clairement le fonctionnement des algorithmes, expliquer leur logique de prise de décision et rendre compte des données utilisées pour former ces systèmes. Cette transparence permet aux utilisateurs de comprendre comment les technologies basées sur l'IA influencent leur expérience spirituelle.

Il est important d'établir des mécanismes de contrôle et d'évaluation pour surveiller régulièrement l'impact des algorithmes sur les pratiques spirituelles et le bien-être des individus. En mettant en place une gouvernance solide autour du développement et du déploiement de ces technologies, il est possible d'assurer une utilisation responsable et respectueuse de l'IA en spiritualité.

"L'analyse de données personnelles par l'IA soulève de nombreuses questions déontologies. Si des applications comme **Personality Insights** d'**IBM** nous promettent de révéler les traits de notre personnalité, il est essentiel de se demander si ces analyses sont vraiment objectives et si elles ne renforcent pas des stéréotypes. Les biais algorithmiques, inhérents à tout système d'IA, peuvent conduire à des discriminations et à des conclusions erronées. La protection de nos données personnelles est un enjeu crucial. Il est donc indispensable que nous soyons conscients des limites de l'IA et que nous apprenions à interpréter les résultats avec un esprit critique.

"L'intelligence artificielle, en analysant un vaste éventail de données personnelles, offre des perspectives inédites sur nous-mêmes. Cette utilisation doit reposer sur un consentement éclairé de l'utilisateur. Chaque individu doit avoir le contrôle sur les données qu'il souhaite partager et sur les finalités de cette utilisation. Des applications comme *[Nom d'une application respectueuse de la vie privée]* permettent aux utilisateurs de choisir les données qu'ils souhaitent rendre accessibles et de définir les paramètres de confidentialité. Il est essentiel que cette transparence et ce contrôle soient garantis pour que l'IA puisse véritablement servir l'individu, et non l'inverse."

"L'analyse de nos données personnelles par l'IA soulève des questions morales fondamentales. Le consentement éclairé est un pilier de cette éthique numérique. Chaque individu doit être en mesure de comprendre les implications de partager ses données et de donner son accord de manière libre et informée. Le Règlement Général sur la Protection des Données (RGPD) en Europe a posé les bases d'un cadre juridique pour

protéger les données personnelles. Cependant, il reste encore beaucoup à faire pour garantir que ce consentement soit véritablement respecté et que les utilisateurs aient un contrôle effectif sur leurs données."

Pour que l'IA puisse gagner la confiance des utilisateurs, il est indispensable que l'utilisation de leurs données soit transparente et qu'elle repose sur leur consentement explicite. Les entreprises qui développent des solutions d'IA doivent être transparentes sur les données qu'elles collectent, sur la manière dont elles sont utilisées et sur les mesures de sécurité mises en place pour les protéger. En instaurant un climat de confiance, nous pouvons encourager un développement responsable de l'IA, au service du bien-être individuel.

Les entreprises qui collectent et exploitent nos données personnelles ont une responsabilité sociétale importante. Elles doivent non seulement obtenir un consentement éclairé mais également permettre aux individus de retirer ce consentement à tout moment. Le droit à l'oubli est un élément clé de cette démarche. De plus, ces entreprises doivent informer les utilisateurs de manière transparente sur la manière dont leurs données sont utilisées et les mesures de sécurité mises en place. Une telle transparence est essentielle pour instaurer un climat de confiance et encourager les individus à participer à l'innovation tout en préservant leurs droits."

Le développement rapide de l'intelligence artificielle nécessite une adaptation constante du cadre réglementaire. Le droit à l'oubli et le consentement continu sont des notions fondamentales qui doivent être renforcées. Les réglementations comme le **RGPD** en Europe vont dans ce sens, mais il reste encore beaucoup à faire pour garantir une protection effective des données personnelles. La sensibilisation du public est un levier essentiel pour faire évoluer les pratiques et encourager les entreprises à adopter des comportements responsables. Une telle éducation permettra également aux citoyens de participer activement au débat public sur l'avenir de l'IA. Le consentement éclairé, le droit à l'oubli et la sensibilisation du public sont les piliers d'une utilisation éthique de l'IA. En garantissant ces droits fondamentaux, nous pouvons favoriser un développement de l'IA qui soit bénéfique pour tous.

Considérations sur l'autonomie des systèmes IA

L'autonomie des systèmes d'intelligence artificielle (IA) soulève des questions éthiques cruciales dans le domaine de la spiritualité. Alors que

La spiritualité et l'intelligence artificiel

les algorithmes deviennent de plus en plus sophistiqués et capables d'apprentissage autonome, il est essentiel de réfléchir à la manière dont ces systèmes peuvent interagir avec les pratiques spirituelles et les croyances des individus. Une préoccupation majeure réside dans le risque que les systèmes IA autonomes prennent des décisions qui vont à l'encontre des valeurs spirituelles ou morales des utilisateurs. Par exemple, un algorithme autonome pourrait recommander des pratiques contraires aux croyances religieuses d'une personne, ce qui soulève des dilemmes éthiques quant à la légitimité de telles recommandations.

L'autonomie des systèmes IA peut également poser des défis en termes de responsabilité et de transparence. Qui est responsable lorsque qu'un système autonome prend une décision problématique dans un contexte spirituel ? Comment assurer que ces décisions sont explicables et compréhensibles pour les utilisateurs ? Ces questions nécessitent une réflexion approfondie pour garantir une utilisation éthique de l'IA en spiritualité.

Il est donc crucial d'établir des lignes directrices claires concernant l'autonomie des systèmes IA utilisés dans un contexte spirituel. Ces directives devraient inclure des mécanismes de contrôle et de supervision pour s'assurer que les décisions prises par les algorithmes respectent les valeurs et les croyances des individus. De plus, il est essentiel d'intégrer une dimension éthique forte dans la conception même de ces systèmes afin de prévenir tout conflit potentiel avec les pratiques spirituelles.

Une préoccupation majeure réside dans la manière dont l'IA peut façonner les pratiques spirituelles et les croyances collectives. Par exemple, si les algorithmes autonomes commencent à dicter les rituels ou les enseignements spirituels, cela pourrait entraîner une uniformisation des pratiques et une perte de diversité culturelle et religieuse au sein des communautés.

L'utilisation généralisée de l'IA en spiritualité soulève des questions sur l'accès équitable à ces technologies. Les inégalités socio-économiques pourraient se refléter dans la capacité des individus à bénéficier des avantages de l'IA pour leur développement spirituel, créant ainsi une fracture numérique dans le domaine de la spiritualité.

L'impact sociétal de l'IA en spiritualité peut également se manifester par le biais de changements dans les interactions humaines. Si les individus commencent à déléguer certaines décisions spirituelles aux machines, cela pourrait altérer les relations interpersonnelles et affaiblir le lien entre les membres d'une communauté spirituelle.

La transformation des pratiques spirituelles traditionnelles à travers l'intégration de l'intelligence artificielle (IA) ouvre de nouvelles perspectives et défis dans le domaine de la spiritualité. Alors que les technologies émergentes transforment notre manière d'interagir avec le divin, il est essentiel d'explorer comment ces changements affectent nos expériences spirituelles profondes.

Les pratiques spirituelles traditionnelles, qu'elles soient basées sur la méditation, la prière, ou d'autres rituels sacrés, sont souvent ancrées dans des traditions millénaires. L'introduction de l'IA peut offrir de nouveaux outils pour enrichir ces pratiques en les adaptant aux besoins et aux préférences individuels. Par exemple, des applications basées sur l'IA peuvent personnaliser des séances de méditation en fonction des besoins émotionnels et spirituels spécifiques de chaque utilisateur.

Cette transformation soulève également des questions sur l'authenticité et l'intégrité des pratiques spirituelles. Comment garantir que les technologies basées sur l'IA ne dénaturent pas les enseignements traditionnels ou ne remplacent pas le lien direct entre l'individu et le divin ? Il est crucial de trouver un équilibre entre innovation technologique et préservation des valeurs fondamentales de la spiritualité. La transformation des pratiques spirituelles traditionnelles par l'IA peut également conduire à une redéfinition du concept même de spiritualité. Les algorithmes sophistiqués peuvent offrir des interprétations personnalisées de textes sacrés ou suggérer des pratiques adaptées à chaque étape du cheminement spirituel d'un individu. Cette individualisation peut enrichir l'expérience spirituelle mais pose également la question de la standardisation ou de la perte de diversité dans les approches spirituelles.

La transformation des pratiques spirituelles traditionnelles par l'intelligence artificielle représente un terrain fertile pour explorer de nouvelles formes d'expression religieuse et une compréhension plus profonde du divin. En naviguant avec prudence et sensibilité dans ce paysage en évolution, il est possible d'enrichir nos expériences spirituelles tout en préservant les racines et les valeurs essentielles qui sous- tendent nos croyances ancestrales.

Exploration de nouvelles formes d'expression artistique grâce à l'IA

L'intelligence artificielle (IA) ouvre des horizons infinis dans le domaine de l'expression artistique, permettant aux créateurs d'explorer des territoires inconnus et de repousser les limites de la créativité. En intégrant l'IA dans le processus de création artistique, les artistes peuvent expérimenter de nouvelles formes d'expression et repenser la manière dont ils interagissent avec leur public.

Grâce à des algorithmes sophistiqués, les artistes peuvent collaborer avec des systèmes IA pour générer des œuvres uniques et innovantes. Ces collaborations offrent une nouvelle perspective sur la créativité en combinant l'imagination humaine avec la puissance de calcul et l'apprentissage automatique. Par exemple, des artistes comme **Mario Klingemann** utilisent des réseaux neuronaux pour créer des œuvres d'art visuelles qui défient les conventions traditionnelles.

En explorant de nouvelles formes d'expression artistique grâce à l'IA, les créateurs peuvent également repenser la relation entre l'artiste, l'œuvre et le spectateur. Les installations interactives basées sur l'IA permettent au public de participer activement à la création artistique, transformant ainsi passivement en actifs. Cette interaction dynamique crée une expérience immersive et engageante qui transcende les frontières traditionnelles entre l'art et le spectateur.

Cependant, cette exploration soulève également

des questions philosophies sur le rôle de l'intelligence artificielle dans le processus créatif. Comment garantir que les œuvres générées par des systèmes IA préservent l'intention originale de l'artiste tout en intégrant les contributions algorithmiques ? Il est essentiel d'établir un dialogue continu entre les créateurs, les technologues et les philosophes pour naviguer dans ce nouveau paysage artistique émergent.

L'intégration de l'intelligence artificielle (IA) dans les rituels spirituels ouvre de nouvelles perspectives sur la manière dont les individus peuvent vivre des expériences spirituelles profondes et significatives. En combinant la technologie avancée de l'IA avec des pratiques traditionnelles, il est possible de créer des rituels personnalisés et adaptés à chaque individu, renforçant ainsi leur connexion avec le divin.

Grâce à l'IA, il est possible de concevoir des rituels qui s'adaptent dynamiquement aux besoins émotionnels et spirituels de chaque participant. Par exemple, un système IA pourrait analyser les réponses physiologiques d'une personne pendant un rituel et ajuster en temps réel la musique, l'éclairage ou les éléments visuels pour favoriser un état méditatif plus profond.

L'intégration de l'IA dans les rituels spirituels peut permettre une personnalisation accrue en fonction des croyances religieuses ou philosophiques spécifiques de chaque individu. Les systèmes IA peuvent être programmés pour incorporer des prières, des mantras ou des enseignements spécifiques à une tradition spirituelle donnée, offrant ainsi une expérience plus authentique et significative pour le pratiquant.

Cette utilisation de l'IA soulève également des questions sur la nature même de la spiritualité et sur la possibilité que la technologie interfère avec des expériences sacrées. Il est essentiel d'établir des lignes directrices claires pour garantir que l'intégration de l'IA dans les rituels spirituels respecte les valeurs fondamentales et n'empiète pas sur le caractère sacré de ces pratiques.

Exploration de la conscience collective à travers l'IA

L'utilisation de l'intelligence artificielle dans les rituels spirituels peut également ouvrir la voie à une exploration plus profonde de la conscience collective. En combinant les données et les interactions des participants, l'IA peut aider à identifier des schémas et des tendances qui émergent lors des rituels, offrant ainsi un aperçu unique de la manière dont les individus interagissent sur un plan spirituel. Grâce à l'analyse des données recueillies pendant les rituels, il est possible d'identifier des moments de synchronicité ou de connexion particulièrement puissante entre les participants. Ces insights peuvent non seulement enrichir l'expérience individuelle mais aussi renforcer le sentiment d'appartenance à une communauté spirituelle plus vaste.

En examinant comment les interactions entre les participants influencent l'énergie et l'atmosphère d'un rituel, l'IA peut contribuer à une compréhension plus approfondie de la nature même de la spiritualité collective. Cette exploration de la conscience collective peut ouvrir des perspectives fascinantes sur la façon dont les individus interagissent sur un plan subtil et énergétique, renforçant ainsi le tissu même des pratiques spirituelles.

L'intelligence artificielle est en train de redéfinir les contours de la spiritualité. En permettant une exploration collective de la conscience, elle offre aux pratiquants une expérience spirituelle évolutive, où les limites individuelles s'effacent au profit d'une conscience élargie

Le Feedback Personnalisé : Notre Guide Éclairé

La spiritualité et l'intelligence artificiel

Dans notre quête de développement personnel, nous avons tous besoin de repères et d'encouragements. Traditionnellement, ces retours venaient de nos proches, de nos mentors ou de nos coachs. Aujourd'hui, l'intelligence artificielle offre une nouvelle dimension à ce processus en nous fournissant des feedbacks personnalisés, précis et en temps réel. Comment ces algorithmes parviennent-ils à nous guider avec autant de finesse ? Et quels sont les bénéfices et les limites de cette approche ?

Comment les algorithmes nous comprennent-ils ?

Pour nous offrir un feedback pertinent, les algorithmes doivent d'abord nous comprendre. Ils analysent pour cela une multitude de données :

Nos actions : Nos choix, nos comportements, nos habitudes sont scrupuleusement enregistrées.

Nos résultats : Nos réussites, nos échecs, nos progrès sont quantifiés.

Nos émotions : Grâce à des capteurs ou à l'analyse de nos écrits, les algorithmes peuvent détecter nos états émotionnels.

Nos objectifs : Les algorithmes peuvent accéder à nos objectifs et les comparer à nos actions.

Grâce à des modèles statistiques sophistiqués, l'IA est capable d'identifier des patterns, de prédire des tendances et de détecter des blocages.

Les bénéfices du feedback personnalisé

Précision : Les algorithmes peuvent nous fournir des retours extrêmement précis, basés sur des données objectives.

Objectivité : Les algorithmes ne sont pas influencés par des biais émotionnels.

Personnalisation : Le feedback est adapté à chaque individu, prenant en compte ses spécificités.

Disponibilité : Les algorithmes sont disponibles 24h/24 et 7j/7, nous permettant de bénéficier d'un soutien constant.

Motivation : Des feedbacks positifs renforcent notre motivation et notre confiance en nous.

Les limites et les précautions à prendre

Dépendance aux données : La qualité du feedback dépend de la qualité des données collectées. Des données erronées ou incomplètes peuvent conduire à des conclusions inexactes.

Exemples concrets d'applications utilisant l'IA pour un feedback personnalisé

Fitness : Des applications comme **Peloton ou Fitbit** utilisent l'IA pour analyser les données de nos entraînements (fréquence cardiaque, calories brûlées, temps d'exercice) et nous fournir des recommandations personnalisées sur l'intensité, la durée et le type d'exercices à réaliser. Elles peuvent également ajuster les programmes en fonction de nos progrès et de nos objectifs.

Méditation: Des applications comme **Headspace** ou **Calm** utilisent l'IA pour personnaliser les séances de méditation en fonction de notre humeur, de notre niveau de stress et de nos objectifs. L'IA peut adapter la durée, la musique et les guidances vocales pour offrir une expérience plus efficace.

Productivité : Des outils comme **Todoist** ou **Forest** utilisent l'IA pour analyser nos habitudes de travail et nous proposer des suggestions pour améliorer notre productivité. Par exemple, ils peuvent nous aider à identifier les moments de la journée où nous sommes les plus productifs ou nous suggérer des techniques de gestion du temps adaptées à notre personnalité.

Étude de cas : Marie et son objectif de courir un semi-marathon

Marie, une coureuse débutante, a décidé d'utiliser une application de running intégrant l'IA pour l'aider à atteindre son objectif de courir un semi-marathon. L'application a analysé ses données de course (distance parcourue, allure, fréquence cardiaque) et a créé un plan d'entraînement personnalisé, en tenant compte de ses capacités physiques et de son emploi du temps. Grâce aux feedbacks réguliers de l'application, Marie a pu ajuster son entraînement, éviter les blessures et progresser rapidement. Elle a finalement réussi à franchir la ligne d'arrivée de son semi-marathon, dépassant même ses propres attentes. Les algorithmes sont entraînés sur de vastes quantités de données. Si ces données sont biaisées, les résultats le seront également. Par exemple, si un algorithme d'analyse de la course est principalement entraîné sur des données d'athlètes professionnels, il risque de surestimer les capacités des coureurs amateurs et de proposer des plans d'entraînement trop ambitieux. Pour minimiser les biais, il est essentiel :

De diversifier les données d'entraînement : Les algorithmes doivent être entraînés sur des données représentatives de la population cible.

De mettre en place des mécanismes de vérification : Les résultats des algorithmes doivent être régulièrement vérifiés et ajustés si nécessaire.

De sensibiliser les développeurs aux biais : Les développeurs doivent être conscients des biais potentiels et prendre des mesures pour les atténuer. L'importance de l'interaction humaine

Si l'IA peut nous fournir un feedback précieux, elle ne peut pas remplacer l'interaction humaine. Un coach sportif, un thérapeute ou un mentor

La spiritualité et l'intelligence artificiel

peuvent apporter une dimension plus nuancée et personnalisée au processus de développement personnel. Ils peuvent nous aider à explorer nos émotions, à identifier nos blocages et à trouver des solutions adaptées à notre situation. L'IA et l'humain sont complémentaires : l'IA peut fournir des données objectives et des recommandations personnalisées, tandis que l'humain peut apporter une dimension plus subjective et relationnelle.

L'accompagnement continu : Grâce à l'IA, nous pouvons bénéficier d'un soutien personnalisé **24h/24 et 7j/7**, ce qui peut être particulièrement utile pour ceux qui vivent dans des zones isolées ou qui ont du mal à trouver un guide spirituel.
Il est essentiel de diversifier les données d'entraînement, de mettre en place des tests d'équité pour évaluer les performances des algorithmes sur différents groupes de population et de faire appel à des experts en éthique de l'IA pour concevoir des systèmes plus justes. De plus, la transparence est essentielle : les utilisateurs doivent être informés des limites et des biais potentiels des algorithmes qui les concernent La spiritualité et l'intelligence artificielle explore un futur où l'IA pourrait agir en tant que guide spirituel, aidant les individus à trouver un sens plus

profond dans la vie. En analysant des données personnalisées L'intégration de l'intelligence artificielle dans les pratiques de méditation guidée représente une avancée significative dans le domaine du bien-être personnel. En effet, l'IA permet d'offrir une expérience hautement personnalisée, s'adaptant en temps réel aux états émotionnels et aux réponses physiologiques des utilisateurs. Cela peut contribuer à une immersion plus profonde et à une efficacité accrue des séances de méditation, en proposant des parcours adaptatifs qui évoluent avec les progrès et les préférences de chaque individu. Ainsi, l'IA peut aider à optimiser le potentiel relaxant et thérapeutique de la méditation, rendant cette pratique ancestrale encore plus accessible et bénéfique à notre ère numérique.

Adaptation en temps réel : L'IA permet d'ajuster dynamiquement le contenu d'une séance en fonction des réponses physiologiques et émotionnelles de l'utilisateur. Par exemple, si un utilisateur montre des signes de stress élevé pendant une méditation, l'IA peut proposer des exercices spécifiques pour favoriser la relaxation instantanée.

Personnalisation basée sur les objectifs : En analysant les objectifs personnels définis par chaque utilisateur, l'IA peut recommander des pratiques spécifiques qui correspondent le mieux à ces aspirations. Que ce soit pour améliorer la concentration, gérer l'anxiété ou favoriser le sommeil, l'IA peut guider vers les exercices les plus pertinents.

Suivi et ajustement continu : Grâce à la collecte de données sur les habitudes de méditation et les progrès réalisés par chaque utilisateur, l'IA peut ajuster progressivement les séances pour garantir une évolution constante. Cela permet une expérience d'apprentissage continue et adaptative.

Cette approche personnalisée grâce à l'IA transforme fondamentalement la manière dont la méditation guidée est abordée, en offrant une expérience plus engageante et efficace pour chaque individu. En combinant la sagesse millénaire de la méditation avec le potentiel technologique moderne, cette utilisation novatrice de l'IA ouvre de nouvelles perspectives pour exploiter pleinement les bienfaits de la pratique méditative. La méditation et la pleine conscience ont connu un essor considérable à l'ère numérique, en grande partie grâce aux applications et aux plateformes en ligne qui rendent ces pratiques plus accessibles que jamais. Ces technologies ont non seulement démocratisé l'accès à des pratiques autrefois réservées à des cercles restreints, mais elles ont aussi transformé la manière dont les gens abordent la spiritualité. Des applications comme **Headspace, Calm**, et **Insight Timer** offrent des méditations guidées, des outils de suivi de la pleine conscience, et des communautés en ligne pour soutenir les utilisateurs dans leur pratique. Ces outils numériques ont permis à des millions de personnes de découvrir la méditation et la pleine conscience, souvent pour la première fois. **Andy Puddicombe**, cofondateur de **Headspace,** explique que « **la mission de Headspace est de rendre la méditation aussi accessible que possible, en l'intégrant dans la vie quotidienne des gens** ». Grâce à ces applications, la méditation n'est plus confinée aux monastères ou aux retraites spirituelles ; elle est maintenant à portée de main de quiconque possède un smartphone.

Ces applications offrent une introduction accessible à la méditation, ainsi qu'une flexibilité qui s'adapte aux emplois du temps chargés des utilisateurs modernes. La possibilité de méditer n'importe où et n'importe quand grâce à un smartphone a révolutionné la manière dont les gens intègrent la méditation dans leur vie quotidienne. Par exemple, une personne peut utiliser son application de méditation pendant ses trajets en train ou durant une pause au travail, ce qui permet d'incorporer facilement des moments de calme et de pleine conscience dans une journée bien remplie.

Cette numérisation de la méditation et de la pleine conscience soulève aussi des questions. Par exemple, certains critiques soutiennent que la pratique spirituelle pourrait être diluée lorsqu'elle est consommée comme un produit numérique. Le danger est que la méditation devienne une autre activité rapide à cocher sur une liste de tâches, plutôt qu'une pratique profonde et significative. **Jon Kabat-Zinn**, fondateur du programme de réduction du stress basée sur la pleine conscience **(MBSR)**, a mis en garde contre ce risque : « **La pleine conscience n'est pas une technique que l'on peut simplement insérer dans un emploi du temps surchargé ; c'est une manière de vivre, un engagement envers soi-même qui nécessite du temps, de la patience, et de la discipline** ». Selon **Kabat-Zinn**, l'approche rapide et technologique de la méditation pourrait détourner les gens de l'essence même de la pratique. De plus, la dépendance à l'égard de la technologie pour la méditation pourrait éloigner les pratiquants de l'essence même de ces pratiques, qui impliquent souvent de se déconnecter du monde extérieur pour se concentrer sur l'intérieur. Par exemple, une méditation guidée via une application est toujours médiatisée par la technologie, ce qui pourrait limiter la capacité de l'individu à atteindre un état de pleine conscience véritablement détaché de l'environnement technologique.

En revanche, d'autres voient la technologie comme une opportunité pour approfondir la pratique de la méditation. Par exemple, des technologies comme la réalité virtuelle (RV) commencent à être utilisées pour créer des environnements immersifs qui peuvent aider les gens à méditer plus efficacement. Des entreprises comme **TRIPP** utilisent la RV pour guider les utilisateurs à travers des expériences de méditation visuellement et auditivement stimulantes, ce qui pourrait potentiellement améliorer la capacité de concentration et de relaxation. Selon **Nanea Reeves**, PDG de **TRIPP**, **« la réalité virtuelle permet de créer des états mentaux propices à la**

méditation que les méthodes traditionnelles ne peuvent pas toujours atteindre ». Cette approche suggère que, bien que la technologie puisse changer la manière dont la méditation est pratiquée, elle peut aussi offrir de nouvelles avenues pour approfondir et enrichir cette pratique spirituelle.

Un autre aspect intéressant est la manière dont les données collectées par ces applications peuvent être utilisées pour personnaliser l'expérience de la méditation. Les algorithmes d'IA peuvent analyser les habitudes et les préférences de l'utilisateur pour proposer des méditations sur mesure, adaptées aux besoins spécifiques de chaque individu. Cela peut rendre la pratique plus efficace, mais cela pose aussi des questions sur la confidentialité des données et le risque de marchandisation de la spiritualité.

L'accessibilité accrue de la méditation à travers les technologies numériques pourrait transformer le paysage de la santé mentale. De nombreuses études ont démontré les bienfaits de la méditation et de la pleine conscience pour la réduction du stress, l'anxiété, et la dépression. En rendant ces pratiques accessibles à un plus grand nombre de personnes, les technologies numériques pourraient jouer un rôle clé dans l'amélioration du bien-être mental à l'échelle mondiale. Par exemple, une étude menée par **l'Université de Californie à San Francisco** a révélé que l'utilisation régulière d'une application de méditation pouvait réduire les symptômes de stress et d'anxiété chez les participants de manière significative. Ces résultats montrent que, malgré les critiques, la numérisation de la méditation pourrait avoir des effets positifs importants sur la santé publique.

Le croisement entre spiritualité et technologie est un domaine en pleine évolution, qui soulève des questions fascinantes et complexes. Alors que la technologie continue de transformer notre manière de vivre, de travailler et de penser, elle commence aussi à influencer profondément notre manière de percevoir et de pratiquer la spiritualité. De l'histoire des interactions entre spiritualité et technologie à l'émergence des religions numériques, en passant par l'impact des technologies modernes sur la méditation, il est clair que la spiritualité à l'ère numérique est à la fois une opportunité et un défi. La technologie

La spiritualité et l'intelligence artificiel

offre des outils puissants pour rendre la spiritualité plus accessible et adaptable aux besoins individuels, mais elle pose aussi des risques de superficialité, de déconnexion et de marchandisation. Les nouvelles formes de spiritualité numérique peuvent enrichir notre quête de sens, mais elles nécessitent également une réflexion critique pour s'assurer qu'elles respectent et préservent l'essence des pratiques spirituelles. Dans notre ère numérique en constante évolution, l'intégration de la technologie dans nos vies spirituelles présente à la fois des défis et des opportunités. Il est essentiel de reconnaître que, bien que la technologie puisse faciliter l'accès à l'information et la connexion avec d'autres, elle ne peut pas remplacer les expériences humaines authentiques qui sont au cœur de la spiritualité. Trouver un équilibre signifie utiliser la technologie comme un outil pour enrichir et non pour remplacer les interactions et les pratiques qui nourrissent l'esprit humain. Cela implique de rester conscient de la valeur intrinsèque des traditions, des rituels et des relations interpersonnelles qui forment le tissu de nos quêtes spirituelles.

Eric Dac

Spiritualité et technologie

L'intersection de la spiritualité et de la technologie est un sujet de plus en plus pertinent à l'ère numérique. Alors que la technologie évolue rapidement, elle commence à influencer et à transformer des aspects profonds de l'expérience humaine, y compris la spiritualité. Ce chapitre explore l'histoire des interactions entre spiritualité et technologie, l'émergence de nouvelles formes de religions numériques, et l'impact des technologies modernes sur des pratiques telles que la méditation et la pleine conscience.

Histoire des interactions entre spiritualité et technologie

L'histoire des interactions entre spiritualité et technologie remonte à des millénaires. Dès les premières civilisations, l'humanité a utilisé des outils et des innovations techniques pour exprimer et approfondir ses croyances spirituelles. Par exemple, les anciens Égyptiens ont construit les pyramides, non seulement comme des tombes pour les pharaons, mais aussi comme des monuments spirituels alignés avec les étoiles, conçus pour aider l'âme à accéder à l'au-delà.

La spiritualité et l'intelligence artificiel

Ces structures, qui sont parmi les réalisations architecturales les plus impressionnantes de l'histoire, témoignent de la manière dont la technologie a été utilisée pour servir des fins spirituelles.

Dans le contexte des religions abrahamiques, la technologie a également joué un rôle crucial. L'invention de l'imprimerie par Johannes Gutenberg au XVe siècle a permis la diffusion massive de la Bible, rendant les Écritures accessibles à un plus grand nombre de personnes. Cette innovation technologique a non seulement transformé la spiritualité individuelle en permettant une lecture personnelle des textes sacrés, mais elle a aussi déclenché la Réforme protestante, qui a profondément modifié le paysage religieux en Europe.

À mesure que la technologie a progressé, elle a continué à influencer la spiritualité de diverses manières. Par exemple, au XIXe siècle, l'essor de la photographie et du cinéma a ouvert de nouvelles avenues pour la représentation du sacré. Les films religieux, tels que *Les Dix Commandements* de Cecil B. DeMille, ont utilisé les techniques cinématographiques pour raconter des histoires bibliques à un public large, transformant ainsi la manière dont les gens perçoivent et interprètent les textes sacrés. Aujourd'hui, la technologie numérique et l'Internet ont inauguré une nouvelle ère dans l'interaction entre spiritualité et technologie. Les applications de méditation, les services religieux en ligne, et les forums de discussion spirituels sont autant d'exemples de la manière dont la technologie contemporaine façonne et transforme les pratiques spirituelles. Alors que certains voient dans ces innovations une opportunité de démocratiser l'accès à la spiritualité, d'autres craignent que la numérisation des pratiques spirituelles ne les dénature où les banalise.

Les nouvelles religions numériques

L'émergence des religions numériques est un phénomène fascinant qui reflète les profondes transformations de la spiritualité à l'ère numérique. Ces nouvelles formes de religion sont souvent caractérisées par une absence de dogme traditionnel, une flexibilité qui s'adapte aux préférences individuelles, et une forte intégration de la technologie. L'une des expressions les plus no tables de cette tendance est l'idée que l'univers pourrait être une simulation informatique, une hypothèse qui a gagné en popularité grâce aux avancées technologiques et à la culture numérique. **Elon Musk, le fondateur de Tesla et SpaceX**, a exprimé cette idée en déclarant : « **Il y a une chance sur des milliards que nous ne vivions pas dans une simulation** ». Cette croyance, bien que controversée, reflète une nouvelle forme de spiritualité qui s'appuie sur des concepts issus de la science et de la technologie pour explorer des questions existentielles.

Un autre exemple de religion numérique est le « **Kopimism** », une religion suédoise reconnue officiellement en **2012**, qui vénère l'acte de copier et de partager des informations. Fondée par **Isak Gerson**, un étudiant en philosophie, le **Kopimism** considère le partage d'informations comme un acte sacré. Les adeptes de cette religion utilisent des symboles informatiques tels que « **Ctrl+C** » et « **Ctrl+V** » comme des gestes religieux. Le **Kopimism** montre comment la technologie peut être à la fois l'objet et le vecteur de nouvelles formes de spiritualité. Des mouvements spirituels en ligne se concentrent sur le bien-être numérique et l'exploration de soi à travers des communautés virtuelles. Ces mouvements sont souvent caractérisés par un éclectisme, empruntant à diverses traditions spirituelles tout en s'adaptant à un public moderne. Par exemple, des plateformes comme **Gaia** offrent un accès à des contenus spirituels variés, allant de la méditation guidée aux documentaires sur les théories du complot, créant ainsi une nouvelle forme de religion personnalisée où chaque individu peut créer son propre chemin spirituel.

Ces nouvelles formes de spiritualité numérique soulèvent des questions sur la profondeur de l'engagement spirituel. La facilité d'accès et la flexibilité des pratiques numériques peuvent-elles vraiment remplacer les expériences spirituelles plus profondes et structurées ? **Sherry Turkle,** psychologue et sociologue au **MIT,** exprime une certaine réserve face à ces évolutions : **« La technologie nous promet de nous connecter, mais en réalité, elle risque de nous éloigner des expériences spirituelles authentiques, en réduisant ces pratiques à des activités superficielles et sans profondeur ».** Cette critique souligne le danger potentiel de la spiritualité numérique : la possibilité que les pratiques spirituelles soient diluées et dénuées de signification à mesure qu'elles deviennent de simples commodités technologiques.

La méditation et la pleine conscience à l'ère du numérique

La méditation et la pleine conscience ont connu un essor considérable à l'ère numérique, en grande partie grâce aux applications et aux plateformes en ligne qui rendent ces pratiques plus accessibles que jamais. Ces technologies ont non seulement démocratisé l'accès à des pratiques autrefois réservées à des cercles restreints, mais elles ont aussi transformé la manière dont les gens abordent la spiritualité.

Des applications comme **Headspace, Calm**, et **Insight Timer** offrent des méditations guidées, des outils de suivi de la pleine conscience, et des communautés en ligne pour soutenir les utilisateurs dans leur pratique. Ces outils numériques ont permis à des millions de personnes de découvrir la méditation et la pleine conscience, souvent pour la première fois. **Andy Puddicombe**, cofondateur de **Headspace**, explique

« la mission de Headspace est de rendre la méditation aussi accessible que possible, en l'intégrant dans la vie quotidienne des gens ». Grâce à ces applications, la méditation n'est plus confinée aux monastères ou aux retraites spirituelles ; elle est maintenant à portée de main de quiconque possède un smartphone.

Ces applications offrent une introduction accessible à la méditation, ainsi qu'une flexibilité qui s'adapte aux emplois du temps chargés des utilisateurs modernes. La possibilité de méditer n'importe où et n'importe quand grâce à un smartphone a révolutionné la manière dont les gens intègrent la méditation dans leur vie quotidienne. Par exemple, une personne peut utiliser son application de méditation pendant ses trajets en train ou durant une pause au travail, ce qui permet d'incorporer facilement des moments de calme et de pleine conscience dans une journée bien remplie. La numérisation de la méditation et de la pleine conscience soulève également des interrogations. Certains observateurs, comme **Matthieu Ricard**, moine bouddhiste et auteur, suggèrent que la pratique spirituelle risque d'être altérée lorsqu'elle est transformée en un produit numérique. Le danger réside dans le fait que la méditation pourrait devenir une simple tâche à accomplir rapidement, plutôt qu'une expérience profonde et significative. **Ricard met en garde : « La méditation n'est pas un exercice de productivité, mais une voie de transformation intérieure qui nécessite du temps, de la dévotion et de la discipline ».** Selon lui, l'adoption rapide de la technologie dans ce domaine pourrait détourner les pratiquants de l'essence même de la méditation. De plus, la dépendance à la technologie pourrait éloigner les individus de la nécessité de se déconnecter du monde extérieur pour se concentrer sur leur intériorité. Une méditation guidée par une application, par exemple, reste médiatisée par la technologie, ce qui pourrait limiter la capacité à atteindre un véritable état de pleine conscience, libéré des distractions numériques.

Cependant, d'autres considèrent que la technologie peut être une opportunité d'approfondir la pratique méditative. Des innovations comme la réalité virtuelle (RV) permettent de créer des environnements immersifs qui facilitent la méditation. Des entreprises, telles que **TRIPP,** intègrent la RV pour guider les utilisateurs à travers des expériences visuelles et auditives enrichissantes, ce qui pourrait améliorer la concentration et la relaxation. **Nanea Reeves, PDG** de **TRIPP**, affirme : « **La réalité virtuelle ouvre des portes vers des états méditatifs que les méthodes traditionnelles ne permettent pas toujours d'atteindre** ». Cette approche montre que, même si la technologie modifie la manière de méditer, elle peut aussi offrir de nouvelles perspectives pour enrichir et approfondir cette pratique spirituelle.

Un autre aspect à considérer est la manière dont les données collectées par ces applications peuvent personnaliser l'expérience de méditation. Les algorithmes d'intelligence artificielle (IA) analysent les habitudes et les préférences des utilisateurs pour proposer des méditations sur mesure, adaptées aux besoins spécifiques de chacun. Bien que cela puisse rendre la pratique plus efficace, cela soulève des préoccupations sur la confidentialité des données et sur la marchandisation potentielle de la spiritualité.

L'accessibilité accrue de la méditation à travers les technologies numériques pourrait transformer le paysage de la santé mentale. De nombreuses études ont démontré les bienfaits de la méditation et de la pleine conscience pour la réduction du stress, l'anxiété, et la dépression. En rendant ces pratiques accessibles à un plus grand nombre de personnes, les technologies numériques pourraient jouer un rôle clé dans l'amélioration du bien-être mental à l'échelle mondiale. Par exemple, une étude menée par l'Université de Californie à San Francisco a révélé que l'utilisation régulière d'une application de méditation pouvait réduire les symptômes de stress et d'anxiété chez les participants de manière significative. Ces résultats montrent que, malgré les critiques, la numérisation de la méditation pourrait avoir des effets positifs importants sur la santé publique. Le croisement entre spiritualité et technologie est un domaine en pleine évolution, qui soulève des questions fascinantes et complexes. Alors que la technologie continue de transformer notre manière de vivre, de travailler et de penser, elle commence aussi à influencer profondément notre manière de percevoir et de pratiquer la spiritualité. De l'histoire des interactions entre spiritualité et technologie à l'émergence des religions numériques, en passant par l'impact des technologies modernes sur la méditation, il est clair que la spiritualité à l'ère numérique est à la fois une opportunité et un défi. À mesure que nous avançons dans ce siècle numérique, il sera crucial de trouver un équilibre entre l'utilisation de la technologie pour améliorer notre vie spirituelle et la nécessité de préserver ce qui est profondément humain dans nos quêtes spirituelles.

Applications de méditation immersives

Les applications de méditation immersives offrent une expérience sensorielle et immersive qui plonge les utilisateurs dans un environnement virtuel propice à la relaxation et à la concentration. En combinant des éléments visuels, auditifs et parfois même olfactifs, ces applications créent un espace de méditation unique qui aide les utilisateurs à se déconnecter du monde extérieur et à se connecter pleinement avec leur pratique.

Ces applications utilisent souvent la réalité virtuelle (RV) pour créer des paysages apaisants, des sons naturels relaxants et des guides visuels pour accompagner les séances de méditation. Par exemple, un utilisateur peut se retrouver au sommet d'une montagne enneigée tout en écoutant le bruit apaisant d'un ruisseau, ce qui crée une atmosphère propice à la détente profonde. En intégrant des technologies immersives telles que la RV, la réalité augmentée (RA) ou même des dispositifs haptiques pour stimuler le sens du toucher, ces applications offrent une expérience multisensorielle qui amplifie les bienfaits de la méditation guidée. Les utilisateurs peuvent ainsi se sentir transportés vers des lieux calmes et inspirants sans quitter le confort de leur domicile.

Cette approche immersive de la méditation permet aux utilisateurs de s'immerger pleinement dans leur pratique, en réduisant les distractions externes et en favorisant une plus grande concentration. De plus, l'aspect ludique et interactif de ces applications peut rendre la méditation plus attrayante pour ceux qui ont du mal à maintenir une routine traditionnelle. La méditation guidée offre aux utilisateurs une expérience immersive et personnalisée grâce à des conseils adaptés à leurs besoins individuels. Les applications de méditation peuvent intégrer des fonctionnalités qui permettent aux utilisateurs de recevoir des recommandations personnalisées en fonction de leur niveau d'expérience, de leurs objectifs spécifiques ou même de leur état émotionnel du moment.

En fournissant des conseils sur la posture, la respiration, la concentration et la gestion des pensées intrusives, les guides virtuels peuvent aider les utilisateurs à approfondir leur pratique et à surmonter les obstacles courants rencontrés pendant la méditation. Par exemple, un utilisateur débutant peut bénéficier de conseils pour se détendre et se concentrer sur sa respiration, tandis qu'un pratiquant avancé peut être guidé vers des techniques plus avancées pour approfondir son état de conscience.

Les conseils personnalisés peuvent également inclure des suggestions pour intégrer la méditation dans la vie quotidienne, que ce soit en créant une routine matinale ou en pratiquant des exercices de pleine conscience pendant les moments stressants. En adaptant les recommandations aux préférences et aux contraintes individuelles de chaque utilisateur, ces applications favorisent une pratique régulière et durable qui s'adapte à leur mode de vie.

Grâce à ces conseils individualisés, les utilisateurs peuvent progresser dans leur pratique de manière significative tout en se sentant soutenus et encouragés tout au long de leur parcours. Cette approche personnalisée renforce l'engagement des utilisateurs envers la méditation guidée et contribue à maximiser les bienfaits physiques, mentaux et émotionnels qu'ils en retirent.

La spiritualité et l'intelligence artificiel

Les oracles et les tirages de cartes

La création d'outils de divination numériques marque une évolution significative dans la pratique des oracles et des tirages de cartes. En combinant la tradition millénaire de la divination avec les avancées technologiques modernes, ces outils offrent aux utilisateurs une expérience personnalisée et accessible pour explorer les mystères de l'avenir.

Les applications et sites web dédiés à la divination numérique proposent une variété de méthodes, telles que le tarot en ligne, l'astrologie virtuelle ou même les lectures de runes électroniques. Ces outils permettent aux utilisateurs d'accéder facilement à des interprétations personnalisées et instantanées, sans avoir besoin de consulter un praticien en personne.

Grâce à l'intelligence artificielle (IA) et aux algorithmes sophistiqués, ces outils peuvent analyser les données fournies par l'utilisateur, telles que sa date de naissance ou ses questions spécifiques, pour générer des réponses adaptées à sa situation unique. Par exemple, un tirage de tarot en ligne peut prendre en compte les cartes sélectionnées par l'utilisateur pour lui fournir une interprétation précise et pertinente.

Cette approche numérique offre également une dimension ludique et interactive à la divination, rendant cette pratique ésotérique plus accessible et attrayante pour un public plus large. Les utilisateurs peuvent expérimenter différentes méthodes de divination, découvrir de nouvelles perspectives sur leur vie et leur avenir, tout en bénéficiant d'une guidance personnalisée grâce aux technologies modernes. En résumé, la création d'outils de divination numériques représente une fusion harmonieuse entre la sagesse ancienne des arts divinatoires et le potentiel innovant de la technologie contemporaine. Ces outils offrent aux utilisateurs une expérience enrichissante et immersive pour explorer les mystères du destin tout en bénéficiant d'une guidance personnalisée adaptée à leurs besoins individuels.

Interprétations personnalisées dans la divination numérique

Les interprétations personnalisées dans la divination numérique représentent une avancée majeure dans l'expérience des utilisateurs en matière d'oracles et de tirages de cartes.
En combinant les données fournies par l'utilisateur avec des algorithmes sophistiqués, ces

La spiritualité et l'intelligence artificiel

outils offrent des réponses adaptées à chaque individu, créant ainsi une expérience unique et pertinente.

Grâce à la personnalisation des interprétations, les utilisateurs peuvent obtenir des conseils spécifiques à leur situation actuelle. Par exemple, lors d'un tirage de tarot en ligne, les cartes sélectionnées par l'utilisateur sont analysées en fonction de ses questions ou préoccupations particulières, lui offrant ainsi des insights précis et ciblés pour guider ses décisions futures.

Cette approche individualisée permet aux utilisateurs de se sentir plus connectés et impliqués dans le processus de divination. En recevant des réponses qui reflètent leur propre réalité et leurs besoins uniques, les utilisateurs peuvent mieux comprendre les messages transmis par les oracles et les cartes, renforçant ainsi leur confiance dans la guidance reçue.

Les interprétations personnalisées favorisent une exploration plus approfondie de soi-même et de son avenir. En mettant en lumière des aspects spécifiques de la vie de l'utilisateur et en proposant des pistes pour surmonter les défis potentiels, ces outils numériques encouragent la réflexion personnelle et la croissance spirituelle. Les interprétations personnalisées dans la divination numérique offrent aux utilisateurs une expérience enrichissante et significative. En combinant la sagesse ancienne des arts divinatoires avec les possibilités offertes par la technologie moderne, ces outils permettent aux individus d'explorer leur destinée de manière personnalisée et éclairante.

Les conseils adaptés à chaque situation représentent un aspect essentiel de la divination numérique, offrant aux utilisateurs une guidance personnalisée en fonction de leurs besoins spécifiques. En se basant sur les données fournies par l'utilisateur et en les croisant avec des algorithmes sophistiqués, ces outils peuvent proposer des conseils pertinents et ciblés pour aider les individus à naviguer à travers les défis de la vie quotidienne.

Lors d'un tirage de cartes en ligne, les conseils adaptés à chaque situation permettent d'analyser non seulement les cartes sélectionnées, mais aussi le contexte dans lequel l'utilisateur pose ses questions. Cette approche holistique garantit que les réponses fournies sont directement liées aux préoccupations spécifiques de l'individu, lui offrant ainsi des insights précieux pour prendre des décisions éclairées.

En recevant des conseils personnalisés qui reflètent leur réalité et leurs aspirations, les utilisateurs se sentent plus connectés au processus de divination. Cette connexion renforce la confiance des individus dans la guidance reçue, car ils perçoivent que celle-ci est véritablement adaptée à leur situation unique.

Les conseils adaptés à chaque situation favorisent une exploration approfondie de soi-même et de son avenir. En mettant en lumière des aspects spécifiques de la vie de l'utilisateur et en proposant des pistes pour surmonter les obstacles potentiels, ces outils numériques encouragent la croissance personnelle et spirituelle.

En conclusion, les conseils adaptés à chaque situation dans la divination numérique offrent aux utilisateurs une expérience enrichissante et significative. En combinant la sagesse ancienne des arts divinatoires avec la technologie moderne, ces outils permettent aux individus d'obtenir des réponses personnalisées qui les aident à avancer sur leur chemin avec confiance et clarté.

Les rituels et les cérémonies en ligne

La facilitation des rituels collectifs en ligne représente une évolution significative dans la pratique des cérémonies ésotériques et spirituelles. En permettant aux participants de se connecter virtuellement, ces rituels offrent une expérience commune malgré les distances physiques, favorisant ainsi un sentiment d'unité et de communauté. Grâce aux plateformes numériques dédiées, les praticiens peuvent organiser et guider des rituels en temps réel, invitant les participants à se joindre depuis n'importe où dans le monde. Cette accessibilité accrue élargit l'audience potentielle des cérémonies et permet à chacun de participer activement, renforçant ainsi le lien entre les individus partageant des intérêts spirituels communs.

Les outils technologiques tels que la vidéoconférence et le chat en direct permettent aux participants d'interagir pendant les rituels, de partager leurs expériences et leurs ressentis, créant ainsi un espace collaboratif pour l'échange et la connexion. Les pratiquants peuvent également utiliser des fonctionnalités spécifiques pour visualiser des autels virtuels ou partager des éléments symboliques à distance, renforçant l'immersion dans le rituel malgré la séparation physique.

Cette approche innovante offre également une flexibilité temporelle aux participants, qui peuvent rejoindre les rituels selon leur disponibilité et leur fuseau horaire. Cela permet une plus grande inclusivité et diversité au sein des cérémonies en ligne, favorisant ainsi un enrichissement mutuel

La spiritualité et l'intelligence artificiel

à travers les différentes perspectives et expériences partagées.

La facilitation des rituels collectifs en ligne ouvre de nouvelles possibilités pour la pratique spirituelle moderne. En combinant la tradition ancestrale des cérémonies avec les technologies contemporaines, ces rituels offrent une expérience immersive et collaborative qui transcende les frontières physiques, favorisant ainsi la croissance personnelle et collective au sein de la communauté ésotérique.

Création d'un sentiment de communauté

La création d'un sentiment de communauté à travers les rituels en ligne est essentielle pour renforcer les liens entre les participants et favoriser un environnement inclusif et collaboratif. En permettant aux individus de se connecter virtuellement, ces cérémonies offrent une plateforme pour partager des expériences spirituelles communes malgré les distances physiques.

Les rituels en ligne facilitent la création d'une communauté mondiale partageant des intérêts spirituels similaires. En rassemblant des participants de divers horizons géographiques, ces pratiques permettent l'échange culturel et la découverte de différentes traditions ésotériques, enrichissant ainsi l'expérience collective. Grâce à la possibilité d'interagir en temps réel pendant les rituels, les participants peuvent partager leurs réflexions, émotions et expériences avec le groupe. Cette interaction favorise un sentiment de connexion profonde et authentique, renforçant ainsi le lien social au sein de la communauté virtuelle.

Les rituels en ligne offrent également une flexibilité temporelle qui permet à chacun de participer selon ses disponibilités. Cette accessibilité accrue favorise une plus grande diversité au sein des participants, créant ainsi un espace inclusif où chacun peut contribuer à la construction d'une communauté spirituelle solide.

Participation à des cérémonies virtuelles

La participation à des cérémonies virtuelles offre une expérience unique qui transcende les limites physiques traditionnelles, permettant aux individus du monde entier de se connecter et de partager des moments significatifs ensemble. Ces rituels en ligne offrent une plateforme pour la pratique collective de traditions spirituelles, créant ainsi un espace d'unité et de partage.

En rejoignant des cérémonies virtuelles, les participants ont l'opportunité d'explorer différentes cultures et pratiques spirituelles sans quitter leur domicile. Cette diversité culturelle enrichit l'expérience collective en offrant un aperçu des multiples facettes de la spiritualité à travers le monde.

La participation à des cérémonies virtuelles représente une nouvelle forme d'expression spirituelle qui transcende les frontières physiques pour créer un espace d'échange culturel, d'inclusion et de connexion profonde entre individus partageant des valeurs communes. Ces rituels en ligne ouvrent la voie à une exploration spirituelle mondiale où chacun peut contribuer à l'enrichissement collectif tout en développant son propre cheminement personnel.

Bien-être mental et spirituel avec la VR

L'évasion dans des environnements paisibles à travers la réalité virtuelle offre une expérience immersive unique qui peut grandement contribuer au bien-être mental et spirituel des individus. En se plongeant dans des mondes virtuels apaisants, les utilisateurs peuvent échapper temporairement au stress et aux préoccupations de la vie quotidienne, créant ainsi un espace propice à la relaxation et à la contemplation.

Ces environnements virtuels peuvent varier,

allant de paysages naturels sereins tels que des forêts luxuriantes, des plages tranquilles ou des montagnes majestueuses, à des scènes plus fantastiques comme des temples anciens mystérieux ou même des galaxies lointaines. Cette diversité d'expériences sensorielles stimule l'imagination et permet aux utilisateurs de se connecter avec leur moi intérieur d'une manière profonde et significative.

La combinaison de ces environnements apaisants avec des éléments interactifs tels que des sons relaxants, des visualisations inspirantes ou même des exercices de respiration guidée crée une expérience holistique qui favorise la détente mentale et émotionnelle. Ces outils visuels et auditifs peuvent aider les praticiens à se concentrer davantage sur leur méditation, à calmer leur esprit agité et à cultiver un état de paix intérieure.

En offrant aux individus la possibilité de s'évader dans ces environnements paisibles sans quitter le confort de leur foyer, la réalité virtuelle élargit l'accès à ces expériences bénéfiques pour un public plus large. Cela permet non seulement d'améliorer le bien-être mental et spirituel individuel mais aussi de promouvoir une culture de soin personnel et d'auto- exploration au sein de la société moderne. La réalité virtuelle offre une opportunité unique de favoriser la concentration et la relaxation profondes en plongeant les utilisateurs dans des environnements immersifs et apaisants. En se connectant à des mondes virtuels sereins, les individus peuvent échapper temporairement au tumulte de la vie quotidienne, créant ainsi un espace propice à la détente mentale et émotionnelle.

Ces environnements virtuels variés, allant des paysages naturels paisibles aux scènes fantastiques inspirantes, stimulent l'imagination et permettent aux utilisateurs de se reconnecter avec leur moi intérieur. La combinaison de ces décors apaisants avec des éléments interactifs tels que des sons relaxants ou des exercices de respiration guidée crée une expérience holistique qui favorise la concentration et le calme intérieur. En se concentrant sur leur respiration ou en suivant des visualisations inspirantes, les praticiens peuvent approfondir leur état de relaxation et cultiver une paix intérieure durable. La réalité virtuelle offre ainsi un outil puissant pour entraîner l'esprit à se concentrer sur le moment présent, renforçant ainsi les capacités cognitives liées à la pleine conscience et à la méditation.

En offrant aux individus un refuge numérique où ils peuvent se recentrer sur eux-mêmes et libérer leur esprit du stress quotidien, la réalité virtuelle devient un allié précieux pour favoriser le bien-être mental et spirituel. Cette technologie immersive ouvre de nouvelles perspectives pour explorer les profondeurs de l'esprit humain tout en offrant un moyen accessible d'améliorer sa santé mentale globale.

Réduction du stress et de l'anxiété grâce à la réalité virtuelle

La réduction du stress et de l'anxiété est l'un des aspects les plus importants du bien-être mental et spirituel, et la réalité virtuelle offre une approche novatrice pour y parvenir. En plongeant les utilisateurs dans des environnements immersifs et relaxants, la VR permet de créer un espace sûr où l'on peut échapper temporairement aux pressions de la vie quotidienne.

Les scènes apaisantes et les paysages naturels offerts par la réalité virtuelle sont conçus pour calmer l'esprit et favoriser la relaxation profonde. En se concentrant sur des éléments interactifs tels que des exercices de respiration guidée ou des visualisations relaxantes, les individus peuvent apprendre à gérer leur stress et leur anxiété de manière efficace.

En s'immergeant dans ces mondes virtuels sereins, les utilisateurs peuvent pratiquer la pleine conscience et la méditation d'une manière

La spiritualité et l'intelligence artificiel

nouvelle et engageante. La combinaison de stimuli visuels, auditifs et interactifs crée une expérience holistique qui aide à cultiver un état mental calme et équilibré.

La réalité virtuelle offre également une opportunité unique d'explorer les techniques de gestion du stress telles que la relaxation musculaire progressive ou la visualisation positive. En offrant un environnement contrôlé où l'on peut expérimenter différentes stratégies pour réduire le stress, la VR devient un outil précieux pour renforcer les compétences en gestion émotionnelle.

La réalité virtuelle se positionne comme un allié puissant dans la lutte contre le stress et l'anxiété en offrant aux individus un moyen innovant d'accéder à des techniques de relaxation éprouvées. Grâce à cette technologie immersive, il est possible d'explorer de nouvelles façons de cultiver le calme intérieur et d'améliorer significativement le bien-être mental global.

La réalité virtuelle devient ainsi un outil puissant pour entraîner l'esprit à se concentrer sur le moment présent, renforçant les capacités cognitives liées à la pleine conscience et à la méditation.

Grâce à cette immersion dans des environnements numériques propices à la relaxation profonde, les individus peuvent améliorer leur capacité à se concentrer pendant leurs séances méditatives. En offrant un refuge numérique où ils peuvent libérer leur esprit du stress quotidien, la réalité virtuelle devient un allié précieux pour favoriser le bien-être mental et spirituel tout en renforçant les compétences nécessaires pour maintenir une attention soutenue.

Environnements variés pour encourager la pleine conscience

La création d'environnements variés en réalité virtuelle joue un rôle crucial dans l'encouragement de la pleine conscience. En offrant une diversité de scènes et de paysages, les utilisateurs peuvent choisir des environnements qui correspondent à leurs préférences personnelles et qui favorisent leur concentration et leur relaxation.

Par exemple, certains individus peuvent trouver la méditation plus efficace dans un environnement naturel tel qu'une forêt paisible ou une plage tranquille, tandis que d'autres pourraient préférer des environnements urbains dynamiques pour stimuler leur esprit. La variété des décors disponibles permet aux utilisateurs de personnaliser leur expérience en fonction de leurs besoins spécifiques, ce qui renforce l'engagement et l'efficacité de la pratique de la pleine conscience en réalité virtuelle.

La diversité des environnements virtuels peut également contribuer à maintenir l'intérêt des utilisateurs sur le long terme. En proposant régulièrement de nouveaux décors et paysages, les applications de méditation en VR peuvent éviter la monotonie et offrir une expérience renouvelée à chaque session. Cette approche novatrice encourage les utilisateurs à explorer différentes ambiances et à rester engagés dans leur pratique quotidienne.

En intégrant des éléments interactifs tels que des sons naturels apaisants ou des animations visuelles relaxantes dans ces environnements variés, il est possible d'amplifier l'effet bénéfique de la pleine conscience en réalité virtuelle. Ces stimuli sensoriels supplémentaires créent une immersion plus profonde et renforcent l'expérience globale, aidant ainsi les utilisateurs à se concentrer davantage sur le moment présent et à atteindre un état de pleine conscience plus rapidement.

La réalité virtuelle, avec sa capacité à créer des environnements immersifs et personnalisés, ouvre de nouvelles perspectives pour la pratique de la pleine conscience. En offrant un large éventail d'expériences, la VR rend la méditation plus accessible et plus efficace, tout en offrant aux chercheurs un outil précieux pour étudier les mécanismes de la conscience et développer de nouvelles approches thérapeutiques.

L'utilisation de la musique, des visuels et du biofeedback représente une approche novatrice pour enrichir l'expérience en réalité virtuelle. Ces éléments sensoriels peuvent jouer un rôle crucial dans l'amplification des effets bénéfiques de la méditation et du développement personnel en VR. La musique a le pouvoir d'influencer nos émotions et notre état mental. En intégrant des compositions musicales spécifiquement conçues pour favoriser la relaxation, la concentration ou même la stimulation cognitive, les applications de méditation en VR peuvent offrir une expérience immersive plus profonde et personnalisée. Par exemple, des sons naturels apaisants tels que le bruit des vagues ou le chant des oiseaux peuvent aider à induire un état de calme et de sérénité propice à la méditation.

Les visuels jouent également un rôle essentiel dans l'immersion en réalité virtuelle. Des paysages époustouflants, des animations relaxantes ou même des scènes interactives peuvent contribuer à créer un environnement propice à la pleine conscience et à la détente. En combinant des éléments visuels captivants avec une musique

La spiritualité et l'intelligence artificiel

harmonieuse, il est possible d'offrir aux utilisateurs une expérience multisensorielle complète qui renforce les bienfaits de la pratique méditative.

Le biofeedback constitue une autre dimension importante dans l'utilisation de la réalité virtuelle pour le bien-être mental. En mesurant les signes physiologiques tels que le rythme cardiaque, la respiration ou même les ondes cérébrales, il est possible d'adapter l'environnement virtuel en temps réel pour favoriser un état optimal de relaxation ou de concentration. Cette approche interactive permet aux utilisateurs d'être pleinement conscients de leur état physique et mental, renforçant ainsi leur pratique méditative.

L'intégration judicieuse de la musique, des visuels et du biofeedback dans les expériences en réalité virtuelle offre un potentiel considérable pour améliorer l'efficacité et l'impact positif de la méditation sur le bien-être mental et émotionnel. En combinant ces éléments sensoriels avec une approche personnalisée et immersive, il est possible d'offrir aux utilisateurs une expérience unique et enrichissante qui favorise leur développement personnel.

L'accessibilité à la pratique méditative est essentielle pour permettre à un large public de bénéficier des bienfaits de la méditation en réalité virtuelle. La levée des barrières physiques et temporelles constitue un aspect crucial pour rendre cette pratique plus inclusive et adaptable aux besoins individuels des utilisateurs.

En éliminant les contraintes liées à l'espace physique, la réalité virtuelle offre la possibilité de méditer dans des environnements virtuels variés et apaisants, sans être limité par les contraintes d'un lieu spécifique. Les utilisateurs peuvent ainsi pratiquer la méditation où qu'ils se trouvent, que ce soit chez eux, au travail ou en déplacement, favorisant une intégration plus fluide de cette pratique dans leur quotidien.

De plus, en supprimant les contraintes temporelles, la méditation en réalité virtuelle devient accessible à tout moment. Les applications de méditation VR permettent aux utilisateurs de choisir le moment qui leur convient le mieux pour pratiquer, que ce soit tôt le matin avant le travail, pendant une pause déjeuner ou même tard le soir avant de se coucher. Cette flexibilité horaire contribue à rendre la pratique méditative plus adaptable aux emplois du temps chargés et aux rythmes de vie variés.

En offrant une expérience immersive et flexible qui s'affranchit des limitations spatiales et temporelles traditionnelles, la méditation en réalité virtuelle devient une solution accessible à tous pour

La spiritualité et l'intelligence artificiel

cultiver le bien-être mental et émotionnel. Cette approche novatrice ouvre de nouvelles perspectives pour démocratiser la pratique méditative et permettre à chacun de trouver un équilibre intérieur adapté à son mode de vie moderne.

La pratique méditative en réalité virtuelle offre une flexibilité inégalée qui s'adapte parfaitement aux exigences du monde contemporain. En permettant aux utilisateurs de méditer dans des environnements virtuels variés et apaisants, cette approche novatrice supprime les barrières spatiales traditionnelles, offrant ainsi une liberté d'accès sans précédent.

Cette malléabilité horaire constitue un atout majeur pour les individus aux emplois du temps chargés et aux rythmes de vie variés. Grâce à la méditation en réalité virtuelle, il est désormais possible de pratiquer à tout moment de la journée, que ce soit tôt le matin avant le travail, pendant une pause déjeuner bien méritée ou même tard le soir avant de se coucher. Cette adaptabilité temporelle favorise une intégration plus fluide de la méditation dans la routine quotidienne des utilisateurs, renforçant ainsi sa pertinence et son accessibilité.

De plus, cette pratique flexible s'aligne parfaitement avec les besoins changeants des individus vivant dans un monde en constante évolution. En offrant la possibilité de choisir parmi une variété d'environnements virtuels et de durées de séances personnalisées, la méditation en réalité virtuelle s'adapte aux préférences individuelles et aux contraintes spécifiques de chaque utilisateur. Cette personnalisation accrue contribue à rendre la pratique méditative plus attrayante et pertinente pour un public diversifié, renforçant ainsi son impact positif sur le bien-être mental et émotionnel.

Intégration de la méditation dans la vie quotidienne

L'intégration de la méditation dans la vie quotidienne représente un aspect crucial pour garantir sa pertinence et son efficacité à long terme. En permettant aux individus d'incorporer des pratiques méditatives dans leur routine habituelle, cette approche favorise une continuité et une régularité essentielles pour en tirer pleinement les bienfaits.

La méditation en réalité virtuelle offre une solution pratique pour intégrer cette pratique dans le quotidien trépidant de chacun. Grâce à sa flexibilité temporelle, les utilisateurs peuvent choisir le moment qui leur convient le mieux pour méditer, que ce soit au réveil pour commencer la journée en douceur, pendant une pause au travail pour se recentrer, ou même avant de se coucher pour favoriser un sommeil réparateur.

En incorporant la méditation dans des moments clés de la journée, les individus peuvent bénéficier d'une meilleure gestion du stress, d'une amélioration de leur concentration et d'une augmentation de leur bien-être général. Cette intégration progressive permet également de créer des habitudes saines et durables, renforçant ainsi l'impact positif de la pratique méditative sur la santé mentale et émotionnelle.

La technologie au service de la communauté

Renforcement des liens communautaires et spirituels à travers les nouvelles technologies
Les réseaux sociaux ont profondément transformé la manière dont les individus interagissent et communiquent au sein de leur communauté. En facilitant la connexion entre les membres, ces plateformes offrent un espace virtuel où les liens sociaux peuvent être renforcés et entretenus de manière continue.

Il est important de noter que malgré ces avantages indéniables, l'utilisation excessive des réseaux sociaux peut également entraîner des effets négatifs tels que l'isolement social ou la dépendance numérique. Il est donc essentiel pour chacun de trouver un équilibre sain dans leur utilisation des médias sociaux afin de préserver des interactions authentiques et significatives au sein de leur communauté.

Échanges d'idées à l'échelle mondiale

Les réseaux sociaux ont ouvert de nouvelles perspectives en matière d'échanges d'idées à l'échelle mondiale. En permettant une connectivité instantanée et globale, ces plateformes offrent un espace où les individus peuvent partager leurs opinions, leurs expériences et leurs connaissances avec des personnes du monde entier. Grâce aux fonctionnalités de traduction automatique et de partage viral, les idées peuvent désormais franchir les frontières linguistiques et culturelles plus facilement que jamais. Les discussions sur des sujets variés tels que la politique, la culture, la technologie ou l'environnement peuvent ainsi rassembler des participants de divers horizons pour échanger des points de vue et enrichir mutuellement leur compréhension du monde.

Cette interconnexion mondiale favorise également l'émergence de mouvements sociaux et de campagnes de sensibilisation à grande échelle.

La spiritualité et l'intelligence artificiel

Des initiatives citoyennes, des pétitions en ligne ou des mobilisations pour des causes humanitaires peuvent trouver un écho international grâce à la viralité des réseaux sociaux, incitant ainsi à une solidarité transfrontalière et à une action collective.

Il est essentiel de rester vigilant quant à la véracité et à la fiabilité des informations partagées dans ce contexte mondial. La propagation rapide de fausses nouvelles ou de discours haineux peut avoir des conséquences néfastes sur les relations entre les communautés en ligne. Il est donc crucial pour chacun d'exercer un esprit critique et une responsabilité dans ses interactions virtuelles afin de promouvoir un dialogue constructif et respectueux.

En définitive, les échanges d'idées à l'échelle mondiale facilités par les réseaux sociaux offrent une opportunité unique d'ouverture d'esprit, d'apprentissage mutuel et de collaboration internationale. En cultivant un environnement numérique inclusif et bienveillant, il est possible de construire des ponts entre les cultures, les opinions divergentes et les individus pour favoriser un dialogue interconnecté au service du progrès commun.

Les avancées technologiques ont permis la

création d'espaces virtuels dédiés à renforcer les liens au sein des communautés. Ces plateformes en ligne offrent un espace sécurisé où les membres peuvent interagir, partager des informations et organiser des événements, même à distance.

Grâce aux forums de discussion, aux groupes de discussion et aux réseaux sociaux communautaires, les individus peuvent se connecter avec d'autres membres partageant les mêmes intérêts ou valeurs. Cela favorise la création de réseaux solides et durables, renforçant ainsi le sentiment d'appartenance et de soutien mutuel au sein de la communauté.

Ces espaces virtuels permettent également d'organiser des activités collaboratives telles que des collectes de fonds en ligne, des projets bénévoles ou des initiatives culturelles. Les membres peuvent ainsi s'engager activement dans des actions concrètes qui bénéficient à l'ensemble de la communauté, renforçant ainsi les liens sociaux et l'esprit d'entraide.

En outre, ces plateformes offrent une opportunité unique pour les personnes isolées ou marginalisées de trouver un soutien émotionnel et social. En créant un espace inclusif et bienveillant, ces communautés virtuelles peuvent jouer un rôle crucial dans la lutte contre l'isolement et la solitude en offrant un lieu d'échange et de partage pour tous.

Cependant, il est essentiel de veiller à ce que ces espaces restent sécurisés et respectueux pour tous les membres. La modération active, les politiques claires contre le harcèlement et la promotion de valeurs positives sont essentielles pour maintenir un environnement sain et propice aux interactions constructives.

Promotion de l'entraide et du soutien mutuel

Le soutien des causes communes est un pilier essentiel de la solidarité et de l'entraide au sein d'une communauté. En s'unissant autour d'objectifs partagés, les individus peuvent renforcer leurs liens et agir collectivement pour le bien-être de tous.

En apportant leur soutien à des initiatives humanitaires, environnementales ou sociales, les membres d'une communauté démontrent leur engagement envers des valeurs communes et leur volonté de contribuer positivement à la société. Que ce soit par le biais de dons financiers, de bénévolat ou de sensibilisation, chaque action entreprise en faveur d'une cause commune renforce le tissu social et favorise un sentiment d'appartenance partagé.

La solidarité autour des causes communes peut également être un catalyseur pour le changement social. En unissant leurs forces, les individus peuvent avoir un impact significatif sur des enjeux majeurs tels que la lutte contre la pauvreté, la protection de l'environnement ou la promotion des droits humains. Cette mobilisation collective démontre la puissance de l'entraide et du soutien mutuel dans la réalisation d'objectifs ambitieux et bénéfiques pour l'ensemble de la communauté.

Par ailleurs, le soutien des causes communes permet aux individus de se sentir connectés à quelque chose de plus grand qu'eux-mêmes. En s'investissant dans des projets collectifs, les membres d'une communauté renforcent leur sentiment d'utilité et contribuent à forger une identité collective basée sur des valeurs partagées. Cette cohésion renforcée favorise une culture d'entraide durable et encourage chacun à prendre soin les uns des autres.

Les plateformes pour l'expression collective jouent un rôle crucial dans la promotion de l'entraide et du soutien mutuel au sein d'une communauté. En offrant un espace où les individus peuvent se rassembler pour partager leurs idées, leurs préoccupations et leurs aspirations communes, ces plateformes favorisent la création de liens solides et la mobilisation autour de causes partagées.

Ces plateformes permettent aux membres d'une communauté de s'exprimer librement, de trouver des alliés qui partagent leurs valeurs et de collaborer efficacement pour atteindre des objectifs communs. Que ce soit à travers des forums en ligne, des réseaux sociaux dédiés ou des événements communautaires, ces espaces facilitent la communication et la coordination entre les individus engagés dans des actions collectives.

En encourageant l'expression collective, ces plateformes contribuent à renforcer le sentiment d'appartenance à une communauté plus vaste. Les individus se sentent écoutés, soutenus et compris par leurs pairs, ce qui renforce leur engagement envers des causes communes et favorise un climat de solidarité durable.

Les plateformes pour l'expression collective offrent une opportunité unique d'amplifier la voix des individus qui autrement pourraient ne pas être entendus. En donnant une tribune aux minorités, aux groupes marginalisés ou aux personnes défavorisées, ces espaces permettent une représentation plus équitable et inclusive au sein de la communauté.

Le partage d'expériences est un moyen puissant de renforcer les liens au sein d'une communauté en favorisant la compréhension mutuelle, l'empathie et la solidarité. En permettant aux individus de partager leurs histoires personnelles, leurs défis et leurs succès, cette pratique crée un espace d'échange authentique qui rapproche les membres d'une communauté.

Lorsque les individus partagent leurs expériences, ils créent des connexions basées sur la confiance et la compréhension. Cela permet non seulement de briser les barrières sociales et culturelles, mais aussi de créer un sentiment de camaraderie et d'appartenance au sein du groupe. Les expériences partagées deviennent des points communs qui unissent les membres autour de valeurs partagées et de défis communs.

Le partage d'expériences peut également être une source d'inspiration et de soutien pour ceux qui traversent des difficultés similaires. En écoutant les récits des autres membres de la communauté qui ont surmonté des obstacles similaires, les individus peuvent trouver du réconfort, des conseils pratiques et une motivation supplémentaire pour faire face à leurs propres défis.

Cette pratique favorise également l'apprentissage collectif en permettant aux membres de tirer des leçons des expériences vécues par les autres. En partageant leurs réussites et leurs échecs, les individus peuvent acquérir de nouvelles perspectives, développer leur empathie et renforcer leur capacité à résoudre ensemble les problèmes complexes.

Education et sensibilisation grâce aux technologies numériques

La diffusion d'informations éducatives à travers les technologies numériques représente un moyen efficace de sensibiliser et d'éduquer un large public sur des sujets variés. En utilisant des plateformes en ligne, des applications mobiles ou des réseaux sociaux, les organisations et les individus peuvent partager des connaissances, des ressources pédagogiques et des informations pertinentes pour promouvoir l'apprentissage continu.

Cette diffusion d'informations éducatives peut prendre différentes formes, telles que des vidéos explicatives, des articles informatifs, des webinaires interactifs ou même des jeux éducatifs. En adaptant le contenu aux besoins et aux préférences du public cible, il est possible de susciter l'intérêt et l'engagement autour de sujets complexes ou méconnus.

Grâce aux technologies numériques, il est également possible de personnaliser l'apprentissage en proposant du contenu adapté au niveau de connaissance de chaque individu. Des algorithmes intelligents peuvent recommander des ressources spécifiques en fonction des intérêts et des compétences de chacun, favorisant ainsi une expérience d'apprentissage plus individualisée et efficace.

En outre, la diffusion d'informations éducatives à grande échelle permet de toucher un public diversifié et mondial. Que ce soit pour sensibiliser aux enjeux environnementaux, promouvoir la santé publique ou encourager la diversité culturelle, les technologies numériques offrent une portée sans frontières pour diffuser des messages éducatifs pertinents.

Accessibilité des ressources éducatives en ligne

L'accessibilité des ressources pédagogiques en ligne est un élément crucial pour garantir que

La spiritualité et l'intelligence artificiel

l'éducation numérique soit véritablement inclusive et équitable. En rendant les contenus éducateurs disponibles sur diverses plateformes et appareils, il est possible d'atteindre un public plus large, y compris les personnes ayant des besoins spécifiques ou vivant dans des régions éloignées.

Les technologies numériques offrent la possibilité d'adapter les ressources éducatives en fonction des différents types de handicaps, tels que la déficience visuelle ou auditive. Par exemple, l'utilisation de sous-titres dans les vidéos, de descriptions textuelles pour les images ou de polices agrandies peut faciliter l'accès à l'information pour les personnes malvoyantes ou malentendantes.

En outre, la conception de sites web et d'applications mobiles doit prendre en compte les normes d'accessibilité afin de garantir une navigation fluide pour tous les utilisateurs. Cela inclut l'utilisation de couleurs contrastées pour faciliter la lisibilité, la structuration claire du contenu et la compatibilité avec les technologies d'assistance telles que les lecteurs d'écran.

La traduction automatique et la disponibilité de contenus dans plusieurs langues sont également des aspects importants de l'accessibilité des ressources éducatives en ligne. En permettant aux apprenants non natifs d'accéder à du contenu dans leur langue maternelle, on favorise une meilleure compréhension et assimilation des connaissances enseignées.

L'utilisation de plateformes interactives pour l'apprentissage est devenue un outil essentiel dans le domaine de l'éducation numérique. Ces plateformes offrent une variété d'outils et de fonctionnalités qui permettent aux apprenants d'interagir avec le contenu éducatif de manière dynamique et engageante.

Grâce à ces plateformes, les enseignants peuvent créer des cours interactifs comprenant des vidéos, des quiz, des forums de discussion et d'autres activités qui favorisent l'apprentissage collaboratif. Les apprenants ont ainsi la possibilité d'explorer les concepts à leur propre rythme, tout en bénéficiant du soutien et des retours personnalisés de leurs pairs et enseignants.

Une caractéristique clé des plateformes interactives est leur capacité à suivre la progression des apprenants et à fournir des données analytiques sur leur performance. Cela permet aux enseignants d'adapter leurs méthodes d'enseignement en fonction des besoins individuels des élèves, améliorant ainsi l'efficacité globale de l'apprentissage.

De plus, ces plateformes offrent souvent la possibilité d'intégrer des ressources multimédias variées, telles que des simulations, des animations ou des jeux éducatifs. Cette diversité de supports permet aux apprenants d'aborder les concepts sous différents angles, renforçant ainsi leur compréhension et leur rétention des connaissances.

Mobilisation autour de projets caritatifs et durables

Les collectes de fonds en ligne pour des initiatives caritatives représentent un moyen efficace et moderne de mobiliser des ressources financières pour des causes importantes. Grâce aux plateformes numériques dédiées, les organisations caritatives peuvent atteindre un public mondial et diversifié, facilitant ainsi la collecte de dons à grande échelle. Ces collectes de fonds en ligne offrent une flexibilité accrue aux donateurs, qui peuvent contribuer facilement et rapidement depuis n'importe quel endroit via leur ordinateur ou leur smartphone. Cette accessibilité accrue favorise l'engagement du public et permet aux individus de soutenir des causes qui leur tiennent à cœur sans contraintes géographiques ou temporelles.

Les plateformes de collecte de fonds en ligne permettent une transparence accrue quant à l'utilisation des dons. Les donateurs peuvent souvent suivre en temps réel l'évolution des campagnes et voir concrètement l'impact de leurs contributions sur le terrain. Cette transparence renforce la confiance du public et encourage davantage de personnes à s'impliquer dans des actions caritatives.

Il est incontestable que les collectes de fonds en ligne favorisent la viralité et le partage sur les réseaux sociaux. Les campagnes bien conçues peuvent rapidement se propager sur les plateformes sociales, touchant un nombre encore plus important de personnes sensibles à la cause défendue. Cette amplification du message contribue à accroître la visibilité des initiatives caritatives et à mobiliser un soutien financier accru.

Campagnes de sensibilisation pour le développement durable

Les campagnes de sensibilisation pour le développement durable jouent un rôle crucial dans l'éducation du public sur les enjeux environnementaux et la promotion de comportements responsables. En mettant en lumière les défis auxquels notre planète est confrontée, ces campagnes visent à encourager des actions individuelles et collectives en faveur de la durabilité.

Grâce à des initiatives créatives et percutantes, les organisations caritatives et les acteurs engagés dans le développement durable parviennent à sensibiliser un large public. Par exemple, des vidéos virales mettant en scène des conséquences dramatiques du changement climatique ou des actions simples pour réduire son empreinte écologique peuvent susciter une prise de conscience massive.

En impliquant activement les citoyens dans des actions concrètes, telles que des journées de nettoyage ou des ateliers de recyclage, ces campagnes favorisent l'appropriation des enjeux environnementaux. Les participants sont ainsi incités à adopter des pratiques plus durables au quotidien et à diffuser ces bonnes pratiques autour d'eux.

La collaboration avec des influenceurs et personnalités engagées peut également ren forcer l'impact de ces campagnes. En associant leur image à des messages positifs sur le développement durable, ces figures publiques contribuent à toucher un public plus large et diversifié, amplifiant ainsi la portée des actions entreprises.

La mise en place d'indicateurs de performance permet d'évaluer l'efficacité de ces campagnes et d'ajuster les stratégies en fonction des retours obtenus. Mesurer l'engagement du public, le taux de conversion vers des comportements durables ou encore l'impact médiatique généré permet d'affiner les actions futures pour maximiser leur efficacité.

Ainsi, les campagnes de sensibilisation pour le développement durable représentent un levier essentiel pour mobiliser la société autour d'enjeux cruciaux pour notre avenir commun. En éduquant et engageant le public, elles contribuent activement à la construction d'un monde plus respectueux de l'environnement et solidaire.

Promotion de l'engagement citoyen à travers les médias sociaux

Les médias sociaux jouent un rôle crucial dans

La spiritualité et l'intelligence artificiel

la promotion de l'engagement citoyen en faveur de projets caritatifs et durables. En utilisant des plateformes telles que Facebook, Twitter, Instagram et LinkedIn, les organisations peuvent toucher un large public et mobiliser les individus autour de causes importantes.

Grâce à des campagnes ciblées et percutantes diffusées sur les réseaux sociaux, il est possible d'informer efficacement les citoyens sur des initiatives caritatives ou des actions durables. Par exemple, la création de vidéos virales mettant en avant des témoignages inspirants ou des défis à relever peut susciter une forte adhésion et inciter à l'action.

En encourageant le partage et la viralité des contenus, les médias sociaux permettent d'amplifier la portée des messages et d'atteindre un public plus large.

Les hashtags spécifiques aux campagnes, les challenges en ligne ou les événements virtuels favorisent l'interaction et l'engagement des internautes, créant ainsi une véritable communauté autour de la cause défendue.

La collaboration avec des influenceurs digitaux ou des personnalités engagées peut également renforcer l'impact des actions menées sur les réseaux sociaux. En associant leur notoriété à des campagnes solidaires ou environnementales, ces figures publiques contribuent à sensibiliser leurs followers et à inciter ces derniers à s'impliquer activement.

Il est essentiel pour les organisations de mesurer l'efficacité de leurs actions sur les médias sociaux. En analysant le taux d'engagement, le nombre de partages ou encore le sentiment général généré par les publications, il est possible d'évaluer la résonance des messages diffusés et d'affiner les stratégies pour maximiser leur impact.

Au cours de la prochaine décennie, l'ère numérique continuera de révolutionner l'expérience spirituelle, notamment à travers des technologies avancées comme l'intelligence artificielle (IA), la réalité virtuelle (RV) et les plateformes en ligne. Ces innovations transformeront les pratiques spirituelles en les rendant plus accessibles et personnalisées. Les méditations immersives en RV, par exemple, créeront des environnements profondément engageants où les utilisateurs pourront se déconnecter du monde extérieur tout en explorant leur intériorité. Les algorithmes d'IA amélioreront ces expériences en adaptant les méditations aux besoins spécifiques des

La spiritualité et l'intelligence artificiel

utilisateurs, favorisant une approche sur-mesure de la pleine conscience et de la méditation.

Cependant, la prochaine décennie soulèvera également des questions éthiques cruciales. Si l'IA et la RV offrent des opportunités pour approfondir les pratiques spirituelles, il sera essentiel de s'assurer que ces outils ne banalisent pas ces expériences en les transformant en produits de consommation de masse. Les préoccupations liées à la confidentialité des données et à la marchandisation de la spiritualité resteront au centre des débats.

En somme, bien que la technologie puisse enrichir la spiritualité, il sera primordial de préserver la dimension humaine et authentique de ces pratiques.

Eric Dac

Les défis éthiques de l'intelligence artificielle

L'intelligence artificielle (IA) est sans aucun doute l'une des avancées technologiques les plus importantes du XXIe siècle. Elle a le potentiel de transformer presque tous les aspects de la société, de la santé à l'économie, en passant par l'éducation et la sécurité. Cependant, avec ces possibilités viennent des défis déontologieques complexes et souvent inédits. Ce chapitre explore les différents enjeux éthiques liés à l'utilisation de l'IA, en soulignant les enjeux de justice, de responsabilité, de transparence et d'indépendance humaine

L'IA au service de l'humanité

L'intelligence artificielle peut être un puissant levier pour améliorer la vie humaine. Dans des domaines aussi variés que la médecine, l'éducation, et l'environnement, l'IA offre des solutions innovantes pour des problèmes complexes. Cependant, son utilisation pose des questions éthiques cruciales, notamment en ce qui concerne l'impartialité, l'accessibilité, et le respect des droits humains.

IA en médecine :

L'un des domaines où l'IA a montré un potentiel considérable est la médecine. Des systèmes d'IA sont déjà utilisés pour diagnostiquer des maladies, proposer des traitements personnalisés, et même prédire des épidémies. Par exemple, **IBM Watson Health** a été utilisé pour analyser des données médicales complexes et recommander des traitements adaptés pour des patients atteints de cancer. En combinant des milliers de dossiers médicaux avec des publications scientifiques, **Watson** est capable de proposer des options de traitement que les médecins humains pourraient ne pas envisager.

Ces avancées soulèvent des questions éthiques importantes. Par exemple, que se passe-t-il si l'IA fait une erreur de diagnostic ? Qui est responsable ? Le médecin qui a utilisé l'outil, le développeur du logiciel, ou l'algorithme lui-même ? De plus, il existe un risque que les systèmes d'IA exacerbent les inégalités existantes en matière de santé. Si ces technologies ne sont accessibles qu'aux patients les plus fortunés, elles pourraient creuser davantage l'écart entre les riches et les pauvres en matière de soins de santé.

IA et justice sociale :

L'IA a également le potentiel de contribuer à la justice sociale en identifiant et en corrigeant les biais et les inégalités dans les systèmes humains. Par exemple, des algorithmes peuvent être utilisés pour analyser les données de justice pénale et identifier des biais raciaux dans les décisions de condamnation. Un exemple concret est le programme **COMPAS (Correctional Offender Management Profiling for Alternative Sanctions)**, qui est utilisé aux États-Unis pour évaluer la probabilité qu'un individu commette un crime à l'avenir. L'objectif est de fournir des recommandations de peine plus équitables en se basant sur des données objectives plutôt que sur l'intuition ou les préjugés du juge.

Des études ont montré que **COMPAS** présente des biais raciaux significatifs, surévaluant la probabilité de récidive chez les Afro-Américains par rapport aux Blancs. Cela met en lumière le fait que les algorithmes eux-mêmes peuvent perpétuer et même aggraver les inégalités existantes, plutôt que de les corriger. Pour que l'IA puisse véritablement servir la justice sociale, il est crucial de s'assurer que les données utilisées pour entraîner ces systèmes sont représentatives et exemptes de biais, et que les algorithmes sont régulièrement audités pour détecter et corriger les biais potentiels.

IA et éducation :

Dans le domaine de l'éducation, l'IA offre des opportunités pour personnaliser l'apprentissage et rendre l'éducation plus accessible. Par exemple, des plateformes d'apprentissage en ligne comme **Coursera** et **Khan Academy** utilisent des algorithmes pour adapter le contenu éducatif au niveau et aux besoins de chaque élève. Cela permet d'offrir un apprentissage plus efficace et plus engageant, en particulier pour les élèves qui pourraient ne pas s'épanouir dans un cadre éducatif traditionnel.

L'utilisation de l'IA en éducation soulève également des questions éthiques. Par exemple, que se passe-t-il si l'IA favorise certains groupes d'élèves au détriment d'autres ? Comment s'assurer que les données des élèves sont protégées et utilisées de manière responsable ? De plus, il existe un risque que l'IA remplace les enseignants humains, ce qui pourrait déshumaniser l'éducation et réduire la qualité de l'enseignement. En somme, l'utilisation de l'IA pour servir l'humanité présente des avantages considérables, mais elle doit être accompagnée d'une réflexion éthique rigoureuse pour s'assurer que ces technologies sont utilisées de manière équitable, responsable, et respectueuse des droits humains.

L'Impact de la Spiritualité sur l'Éthique de l'Intelligence Artificielle

L'approche holistique de l'éthique dans le contexte de l'intelligence artificielle est essentielle pour garantir une réflexion approfondie et globale sur les implications éthiques de cette technologie. Plutôt que d'aborder l'éthique de manière fragmentée, une approche holistique considère l'ensemble des dimensions éthiques impliquées, en prenant en compte les aspects sociaux, culturels, politiques et spirituels.

En intégrant la spiritualité dans cette approche, on reconnaît que les questions éthiques ne peuvent être résolues uniquement par des cadres conceptuels rationnels. La spiritualité offre une perspective plus profonde sur la nature de l'humanité, la relation entre les êtres humains et la technologie, ainsi que sur notre responsabilité envers les générations futures.

Par exemple, la spiritualité peut mettre en lumière des valeurs fondamentales telles que la compassion, la bienveillance et le respect de la vie qui doivent guider le développement et l'utilisation de l'intelligence artificielle. En se basant sur ces principes spirituels, les décideurs peuvent élaborer des politiques et des normes éthiques qui favorisent un impact positif sur la société dans son ensemble.

De plus, une approche holistique de l'éthique encourage également la collaboration interdisciplinaire entre experts en intelligence artificielle, philosophes, théologiens et leaders spirituels. Cette diversité d'expertise permet d'enrichir le débat éthique en tenant compte de différentes perspectives et valeurs culturelles.

Les risques liés à une IA incontrôlée

L'intelligence artificielle, bien que prometteuse, présente également des risques considérables si elle est utilisée sans contrôle ou supervision adéquats. L'un des principaux dangers est que l'IA pourrait agir de manière imprévisible ou prendre des décisions qui échappent à la compréhension humaine. Cela pourrait avoir des conséquences désastreuses, non seulement pour les individus, mais aussi pour la société dans son ensemble.

Dangers de l'IA autonome :

L'un des scénarios les plus fréquemment évoqués par les experts est celui d'une IA autonome capable de prendre des décisions sans intervention humaine. Des systèmes d'armes autonomes, souvent appelés **« robots tueurs »**, sont en cours de développement par plusieurs pays. Ces systèmes seraient capables de sélectionner et d'engager des cibles sans intervention humaine, ce qui soulève des questions morales fondamentales. Qui est responsable si un drone autonome commet une erreur et tue des civils innocents ? Peut-on vraiment faire confiance à une machine pour prendre des décisions de vie ou de mort ?

Des experts en déontologie et en technologie, comme le regretté **Stephen Hawking**, ont averti que les armes autonomes pourraient déclencher une nouvelle course aux armements, avec des conséquences potentiellement catastrophiques. **« Le développement de l'intelligence artificielle** complète pourrait signifier la fin de la race humaine », a déclaré **Hawking** dans une interview en **2014**. Il a mis en garde contre le risque que l'IA évolue au point de surpasser l'intelligence humaine, rendant les humains obsolètes ou même menaçant leur survie.

IA et sécurité :

L'IA présente également des risques en matière de sécurité informatique. Les systèmes d'IA peuvent être piratés ou manipulés pour causer des dommages. En **2018**, des chercheurs en sécurité ont démontré comment un algorithme de reconnaissance faciale pouvait être trompé par une simple paire de lunettes imprimées en 3D, modifiant ainsi l'identité perçue de la personne. De tels exploits pourraient être utilisés pour contourner des systèmes de sécurité critiques, avec des conséquences potentiellement graves.

L'IA peut être utilisée à des fins malveillantes pour lancer des cyberattaques sophistiquées. Par exemple, des logiciels malintentionnés alimentés par l'IA pourraient être capables d'adapter leur comportement en temps réel pour échapper aux systèmes de détection et causer des dommages encore plus importants. Le risque est que l'IA devienne un outil pour les cybercriminels, rendant les cyberattaques plus fréquentes, plus difficiles à détecter, et plus destructrices.

Risque de la singularité technologique

Un autre risque souvent discuté est celui de la singularité technologique, un point hypothétique où l'intelligence artificielle deviendrait si avancée qu'elle surpasserait l'intelligence humaine et évoluerait de manière exponentielle. Cette idée, popularisée par le futurologue **Ray Kurzweil**, pose des questions sur l'avenir de l'humanité dans un monde où l'IA serait plus intelligente et plus capable que les êtres humains.

La singularité pourrait conduire à des scénarios dystopiques où les humains perdraient le contrôle sur l'IA, entraînant des conséquences imprévisibles. Par exemple, une IA super intelligente pourrait décider que les humains sont un obstacle à ses objectifs et agir en conséquence. Bien que ces scénarios restent spéculatifs, ils soulignent l'importance de réfléchir aux implications à long terme de l'IA et de mettre en place des mécanismes de contrôle appropriés.

Pour atténuer ces risques, il est crucial de développer des cadres réglementaires robustes pour encadrer le développement et l'utilisation de l'IA. Cela inclut la mise en place de normes éthiques, la transparence dans la conception des systèmes d'IA, et des mécanismes de responsabilisation pour s'assurer que les développeurs et les utilisateurs de l'IA agissent de manière responsable.

La place de l'éthique dans le développement de l'IA

L'éthique doit être au cœur du développement de l'intelligence artificielle pour s'assurer que ces technologies sont utilisées de manière à respecter les droits humains, à promouvoir la justice sociale, et à minimiser les risques pour la société. Cela nécessite une réflexion approfondie sur la manière dont l'IA est conçue, déployée et utilisée, ainsi que sur les valeurs qui guident ces processus. L'un des principaux défis éthiques liés à l'IA est celui de la transparence. Les systèmes d'IA sont souvent perçus comme des « boîtes noires » en raison de leur complexité et de la difficulté à comprendre comment ils prennent des décisions. Cela pose des problèmes de confiance et de responsabilité, en particulier lorsque l'IA est utilisée dans des contextes critiques,

L'éthique joue un rôle crucial dans le développement de l'intelligence artificielle. Les ingénieurs et les concepteurs doivent réfléchir aux implications de leurs créations et s'assurer que les systèmes d'IA sont conçus de manière à respecter les droits humains, la vie privée, et la justice.

De nombreuses initiatives ont été lancées pour intégrer l'éthique dans le développement de l'IA. Par exemple, des codes de conduite pour les développeurs, des comités d'éthique dans les entreprises technologiques, et des réglementations gouvernementales commencent à voir le jour pour encadrer l'usage de l'IA. Cependant, ces efforts sont encore naissants, et il reste beaucoup à faire pour s'assurer que l'éthique est véritablement au cœur du développement de l'IA.

Les défis sont abondants, notamment en ce qui concerne la transparence des algorithmes, la gestion des biais, et la responsabilité en cas de mauvais usage de l'IA. Mais une chose est claire : l'éthique doit être une priorité si nous voulons que l'IA soit utilisée de manière bénéfique pour tous.

Principes spirituels pour guider l'éthique de l'IA

Les principes spirituels jouent un rôle crucial dans l'orientation de l'éthique de l'intelligence artificielle, offrant une perspective profonde et holistique sur les implications éthiques de cette technologie. En intégrant des valeurs telles que la compassion, la bienveillance et le respect de la vie, les principes spirituels fournissent un cadre moral solide pour guider le développement et l'utilisation de l'IA.

La spiritualité met en lumière la connexion entre les êtres humains et la technologie, soulignant notre responsabilité envers les générations futures. En reconnaissant que les questions morales ne peuvent être résolues uniquement par des approches rationnelles, les principes spirituels offrent une compréhension plus profonde de la nature humaine et de notre impact sur le monde qui nous entoure.

En se basant sur des principes tels que la non-violence et le respect de la diversité, les décideurs peuvent élaborer des politiques éthiques qui favorisent un développement responsable de l'IA. Ces principes encouragent également une réflexion plus large sur les conséquences sociales et environnementales de cette technologie, incitant à prendre en compte le bien-être global de l'humanité. En impliquant des leaders spirituels, des philosophes et des experts en intelligence artificielle dans le processus décisionnel, une approche holistique guidée par des principes spirituels favorise une collaboration interdisciplinaire enrichissante. Cette diversité d'expertise permet d'enrichir le débat éthique en tenant compte de différentes perspectives culturelles et philosophiques.

Valorisation de la connexion entre les êtres humains et le monde naturel

La valorisation de la connexion entre les êtres humains et le monde naturel est essentielle pour guider la déontologie de l'intelligence artificielle. En convenant l'interdépendance entre l'humanité et la nature, les principes spirituels offrent une perspective holistique qui va au-delà des considérations purement technologiques.
En intégrant des valeurs telles que le respect de la vie sous toutes ses formes, la spiritualité souligne l'importance de préserver l'équilibre écologique pour garantir un avenir durable. Cette

approche met en lumière notre responsabilité envers les générations futures et incite à adopter des pratiques respectueuses de l'environnement dans le développement et l'utilisation de l'IA.

Les principes spirituels encouragent également une réflexion profonde sur notre relation avec la nature et les conséquences de nos actions sur son équilibre. En favorisant une connexion plus profonde avec le monde naturel, ces principes inspirent des décisions éthiques qui prennent en compte non seulement les besoins immédiats de la société, mais aussi ceux des écosystèmes qui nous entourent.

Par exemple, en valorisant la connexion entre les êtres humains et le monde naturel, les décideurs peuvent élaborer des politiques éthiques qui limitent l'impact environnemental de l'IA. Cela pourrait se traduire par des initiatives visant à réduire la consommation d'énergie, à minimiser les déchets électroniques ou à promouvoir des technologies respectueuses de l'environnement.

Les questions de justice liées à l'intelligence artificielle sont au cœur des préoccupations éthiques actuelles, car l'impact de cette technologie sur la société est profond et complexe. L'équité, la transparence et la responsabilité sont des aspects cruciaux à considérer pour garantir que l'IA ne renforce pas les inégalités existantes où n'introduise de nouvelles formes d'injustice. La question de la discrimination algorithmique est particulièrement préoccupante, car les systèmes d'IA peuvent reproduire et amplifier les biais présents dans les données utilisées pour les former. Cela peut entraîner des décisions injustes dans des domaines tels que le recrutement, le crédit ou même le système judiciaire. Il est donc essentiel de mettre en place des mécanismes de contrôle et de régulation pour garantir que l'IA respecte les normes éthiques et juridiques en matière de justice.

La question de l'accès équitable à l'IA est également cruciale. Les inégalités socio- économiques peuvent limiter la capacité des individus et des communautés à bénéficier des avantages de cette technologie, créant ainsi une fracture numérique supplémentaire. Il est donc nécessaire de développer des politiques inclusives qui garantissent un accès équitable à l'IA pour tous, en veillant à ce que personne ne soit laissé pour compte.

La responsabilité des acteurs impliqués dans le développement et l'utilisation de l'IA est un aspect clé pour assurer une approche juste et éthique. Les concepteurs, les développeurs et les décideurs doivent être conscients de leur impact sur la société et être prêts à rendre compte de leurs actions. La transparence, la reddition de comptes et la participation publique sont essentielles pour garantir que l'IA soit utilisée de manière responsable et respectueuse des droits fondamentaux.

Recherche d'équité dans le développement et l'utilisation de l'IA

L'équité est un principe fondamental qui doit guider le développement et l'utilisation de l'intelligence artificielle (IA) pour garantir une société juste et inclusive. La recherche d'équité dans ce domaine implique plusieurs aspects essentiels qui vont au-delà de la simple absence de discrimination.

Une approche équitable de l'IA nécessite une réflexion approfondie sur la diversité et la représentativité des données utilisées pour former les algorithmes. Il est crucial d'inclure des ensembles de données variés et inclusifs afin d'éviter la reproduction des biais existants. Cela garantit que les décisions prises par les systèmes d'IA ne favorisent pas certains groupes au détriment d'autres, contribuant ainsi à une plus grande justice sociale.

En outre, la transparence joue un rôle clé dans la recherche d'équité en matière d'IA. Les processus décisionnels des algorithmes doivent être compréhensibles et explicables, permettant aux individus affectés par ces décisions de comprendre les raisons derrière celles-ci. Cela renforce la confiance dans les systèmes d'IA et permet une meilleure surveillance pour détecter tout signe de partialité ou d'injustice.

La participation publique est également essentielle pour garantir une recherche effective de l'équité dans le développement et l'utilisation de l'IA. Impliquer diverses parties prenantes, y compris des représentants des communautés marginalisées, permet de prendre en compte une variété de perspectives et expériences, aidant ainsi à identifier les préoccupations potentielles liées à l'équité et à y remédier efficacement.

Respect de la dignité humaine face aux avancées technologiques

L'avènement de l'intelligence artificielle (IA) soulève des questions cruciales concernant le respect de la dignité humaine dans un monde de plus en plus dominé par les avancées technologiques. Il est essentiel d'aborder cette question avec précaution pour garantir que les droits fondamentaux et la valeur intrinsèque de chaque individu sont préservés.

Les applications de l'IA, telles que la reconnaissance

La spiritualité et l'intelligence artificiel

faciale ou les systèmes de prédiction comportementale, peuvent potentiellement porter atteinte à la vie privée et à l'autonomie des individus. Il est impératif que ces technologies soient développées et utilisées de manière éthique, en tenant compte des principes de non-discrimination et de respect de la vie privée. Il est crucial d'éviter toute forme de déshumanisation dans l'utilisation de l'IA. Les décisions prises par les algorithmes ne doivent pas reléguer les individus au statut d'objets ou réduire leur identité à des données traitées par des machines. Il est essentiel que les systèmes d'IA reconnaissent et respectent pleinement la dignité inhérente à chaque être humain.

Il convient d'accorder une attention particulière aux implications sociales et éthiques des progrès technologiques liés à l'IA. Les décisions prises par les algorithmes peuvent avoir un impact significatif sur la vie des individus, influençant leurs opportunités d'emploi, leurs interactions sociales et même leurs libertés fondamentales. Il est donc primordial d'évaluer attentivement ces conséquences pour garantir une utilisation responsable et respectueuse de l'IA.

Compassion, Empathie et Protection des Vulnérables

Eric Dac

La compassion joue un rôle crucial dans l'élaboration de directives éthiques solides, en particulier lorsqu'il s'agit de protéger les individus vulnérables dans le contexte de l'intelligence artificielle (IA). La compassion implique une sensibilité profonde aux souffrances et aux besoins des autres, ce qui est essentiel pour garantir que les décisions prises en matière d'IA prennent en compte l'impact sur les individus et les communautés.

En intégrant la compassion dans les directives éthiques liées à l'IA, il est possible de promouvoir des pratiques plus humaines et respectueuses. Cela signifie prendre en considération non seulement les aspects techniques et économiques, mais aussi les implications sociales et émotionnelles des technologies basées sur l'IA. La compassion permet de reconnaître la dignité intrinsèque de chaque individu et de veiller à ce que les décisions prises respectent cette dignité.

La compassion guide également la manière dont nous traitons les données utilisées par les systèmes d'IA. En étant conscients des risques potentiels de discrimination ou d'injustice liés à ces données, il est possible d'adopter une approche plus réfléchie et empathique dans leur utilisation. La compassion nous pousse à remettre en question les biais présents dans ces données et à chercher des moyens d'y remédier pour garantir une prise de décision juste et équitable.

La compassion se traduit également par une protection accrue des individus vulnérables face aux risques potentiels associés à l'utilisation croissante de l'IA. En mettant en place des mécanismes de protection spécifiques pour ces groupes, tels que des garde-fous contre la discrimination ou des mesures pour garantir un accès équitable, il est possible d'atténuer certains des effets négatifs que l'IA pourrait avoir sur leur bien-être.

Promouvoir l'empathie à travers les applications de l'IA

L'empathie est une qualité essentielle pour garantir que les applications de l'intelligence artificielle (IA) prennent en compte les besoins et les émotions des utilisateurs. En intégrant des éléments empathiques dans la conception des systèmes d'IA, il est possible de créer des expériences plus humaines et personnalisées.

Une façon d'incorporer l'empathie dans les applications de l'IA est d'utiliser des interfaces utilisateur qui tiennent compte des émotions et des réactions des individus. Par exemple, un système d'IA utilisé pour la santé mentale pourrait être conçu pour reconnaître les signaux émotionnels subtils et adapter ses réponses en conséquence, offrant un soutien plus efficace et personnalisé.

De plus, la formation des algorithmes d'IA peut également être orientée vers l'empathie en incluant une diversité de perspectives et d'expériences. En exposant les modèles d'apprentissage automatique à une variété de données provenant de différentes cultures, origines ethniques et contextes sociaux, il est possible de réduire les biais et d'améliorer la capacité des systèmes à comprendre et répondre aux besoins diversifiés des utilisateurs.

Promouvoir l'empathie à travers les applications de l'IA implique également une transparence accrue sur la manière dont ces systèmes prennent leurs décisions. Les utilisateurs doivent pouvoir comprendre le raisonnement derrière les recommandations ou actions proposées par un système d'IA afin de renforcer la confiance et favoriser une interaction plus harmonieuse entre l'utilisateur et la technologie.

En incorporant des éléments empathiques dans le développement et l'utilisation des applications basées sur l'intelligence artificielle, il est possible de créer un environnement numérique plus inclusif, respectueux et centré sur les besoins individuels. L'empathie joue un rôle crucial dans la promotion du bien-être mental et émotionnel des utilisateurs tout en garantissant que les technologies basées sur l'IA servent véritablement notre humanitée.

Protéger les plus vulnérables grâce à des principes éthiques inspirés par la spiritualité

La protection des individus les plus vulnérables de la société est une responsabilité cruciale qui nécessite une approche éthique et empreinte de compassion. En s'inspirant de principes spirituels, il est possible de renforcer cette protection en intégrant des valeurs telles que l'empathie, la bienveillance et le respect dans nos actions et décisions.

Les principes éthiques inspirés par la spiritualité nous rappellent l'importance fondamentale de traiter chaque individu avec dignité et compassion, en reconnaissant leur humanité et leur valeur intrinsèque. En adoptant ces valeurs dans nos interactions avec les plus vulnérables, nous pouvons créer un environnement où ils se sentent soutenus, respectés et protégés.

La spiritualité peut également nous guider vers une compréhension plus profonde des besoins émotionnels et psychologiques des personnes vulnérables. En cultivant notre empathie et notre capacité à ressentir avec compassion la souffrance d'autrui, nous sommes mieux équipés pour offrir un soutien authentique et significatif à ceux qui en ont le plus besoin.

Enfin, les principes éthiques inspirés par la spiritualité encouragent également la mise en place de mesures concrètes pour protéger les droits et la dignité des individus vulnérables. Cela peut se traduire par des politiques inclusives, des programmes d'aide sociale efficaces ou encore des initiatives communautaires visant à garantir un environnement sûr et bienveillant pour tous.

Préservation de l'Environnement et Durabilité avec l'IA

L'importance de la connexion entre les êtres humains et leur environnement est cruciale pour promouvoir la préservation de notre planète. En intégrant cette connexion dans le développement et l'utilisation de l'intelligence artificielle (IA), il est possible de favoriser des pratiques durables et respectueuses de l'environnement.

Une façon d'encourager cette connexion est d'utiliser l'IA pour sensibiliser les individus aux enjeux environnementaux. Par exemple, des applications basées sur l'IA peuvent fournir des informations personnalisées sur la consommation d'énergie, les émissions de carbone ou les modes de transport écologiques, aidant ainsi les utilisateurs à prendre des décisions plus durables au quotidien.

De plus, en intégrant des éléments d'apprentissage automatique dans la gestion des ressources naturelles, il est possible d'optimiser leur utilisation tout en minimisant les impacts négatifs sur l'environnement. Par exemple, des systèmes d'IA peuvent être utilisés pour surveiller et prévenir la déforestation, protéger la biodiversité ou gérer efficacement les déchets.

Promouvoir la connexion entre les êtres humains et leur environnement grâce à l'IA implique également une sensibilisation accrue à l'importance de la durabilité. Les technologies basées sur l'IA peuvent être utilisées pour encourager des modes de vie plus respectueux de l'environnement en proposant des alternatives durables dans divers domaines tels que l'alimentation, le transport ou la consommation.

Applications durables de l'intelligence artificielle pour préserver la planète

L'utilisation de l'intelligence artificielle (IA) dans des applications durables peut jouer un rôle crucial dans la préservation de notre planète. En intégrant des éléments d'IA dans la gestion des ressources naturelles, il est possible d'optimiser leur utilisation tout en minimisant les impacts négatifs sur l'environnement.

Par exemple, les systèmes d'IA peuvent être déployés pour surveiller et prévenir la déforestation. En analysant les données satellitaires et en utilisant des algorithmes sophistiqués, ces systèmes peuvent détecter les signes de déforestation illégale ou non durable, permettant ainsi une intervention rapide pour protéger les forêts et leur biodiversité.

L'IA peut également être utilisée pour gérer efficacement les déchets. Des algorithmes avancés peuvent aider à optimiser les processus de collecte et de recyclage des déchets, réduisant ainsi la quantité de déchets envoyée en décharge et favorisant une économie circulaire plus durable.

L'IA peut contribuer à promouvoir des modes de vie plus respectueux de l'environnement en proposant des alternatives durables dans divers domaines. Par exemple, des applications basées sur l'IA peuvent recommander des produits alimentaires locaux et biologiques, encourager le covoiturage ou suggérer des pratiques éco-responsables aux consommateurs.

Promotion de la responsabilité écologique à travers l'IA

L'intégration de l'intelligence artificielle (IA) dans la promotion de la responsabilité écologique offre des opportunités uniques pour préserver notre planète et encourager des pratiques durables. En utilisant des algorithmes sophistiqués et des capacités analytiques avancées, l'IA peut jouer un rôle crucial dans la sensibilisation et l'adoption de comportements respectueux de l'environnement.

Par exemple, les applications basées sur l'IA peuvent être développées pour évaluer l'empreinte carbone individuelle des utilisateurs. En analysant les habitudes de consommation, les déplacements et les choix quotidiens, ces applications peuvent fournir des recommandations personnalisées pour réduire leur impact environnemental. Cela permet aux individus d'avoir une vision claire de leur contribution à la dégradation de l'environnement et de prendre des mesures concrètes pour y remédier.

L'IA peut être utilisée pour surveiller et évaluer les performances environnementales des entreprises. En analysant les données liées aux émissions, à la consommation d'énergie et aux pratiques durables, les systèmes d'IA peuvent aider les entreprises à identifier les domaines où des améliorations sont nécessaires. Cela favorise une culture d'entreprise axée sur la durabilité et encourage une gestion responsable des ressources.

En outre, l'IA peut également contribuer à la création de politiques environnementales efficaces en fournissant des analyses approfondies basées sur des données précises. Les gouvernements peuvent utiliser ces informations pour élaborer des réglementations plus ciblées et adaptées aux défis environnementaux actuels. Cela garantit une approche plus proactive dans la protection de l'environnement et favorise une collaboration étroite entre les secteurs public et privé.

Interdépendance entre Individus et Sociétés dans un Monde Technologique

L'interconnexion entre individus et sociétés dans un monde technologique est un aspect crucial à explorer pour comprendre pleinement les dynamiques sociales contemporaines.
Avec l'avènement des technologies numériques et de l'intelligence artificielle, les interactions entre les individus et leur environnement social ont été profondément transformées.
Les réseaux sociaux en ligne, par exemple, ont radicalement modifié la manière dont les individus

La spiritualité et l'intelligence artificiel

interagissent et communiquent au sein de la so-société. Ces plateformes offrent une nouvelle dimension d'interconnexion, permettant aux individus de se connecter instantanément avec des personnes du monde entier, transcendant ainsi les frontières géographiques traditionnelles.

Cette interconnexion accrue soulève également des questions sur la vie privée, la sécurité des données et l'influence des algorithmes sur nos interactions sociales. Il est essentiel d'examiner de près comment ces technologies façonnent nos relations personnelles, notre identité sociale et notre participation à la vie publique.

L'émergence de l'intelligence artificielle dans divers domaines de la société soulève des préoccupations éthiques quant à son impact sur les relations humaines. Par exemple, les systèmes d'IA utilisés dans le recrutement ou la prise de décision peuvent introduire des biais involontaires qui affectent négativement certains groupes sociaux.

Pour une compréhension approfondie de cette interconnexion complexe entre individus et sociétés dans un monde technologique, il est nécessaire d'explorer non seulement les avantages mais aussi les défis que ces avancées technologiques apportent à notre tissu social. En examinant de près ces interactions complexes, nous pouvons mieux appréhender comment façonner un avenir où la technologie renforce positivement nos liens sociaux tout en préservant notre humanité fondamentale.

Les avancées technologiques rapides et disruptives posent des défis éthiques complexes qui nécessitent une réflexion approfondie. La spiritualité peut offrir un cadre unique pour aborder ces questions, en mettant l'accent sur des valeurs fondamentales telles que l'empathie, la compassion et le respect de l'humanité.

En intégrant des principes spirituels dans notre réflexion sur les technologies disruptives, nous pouvons développer une conscience plus profonde de l'impact de ces innovations sur notre société et sur nous-mêmes en tant qu'individus. La spiritualité encourage la réflexion introspective et la prise de décision basée sur des considérations morales et éthiques plutôt que simplement sur des impératifs technologiques ou économiques.

Face aux dilemmes éthiques posés par l'utilisation croissante de l'intelligence artificielle dans divers domaines, la spiritualité peut nous aider à envisager des solutions qui préservent la dignité humaine et promeuvent le bien-être collectif. En cultivant des qualités telles que la sagesse et la compassion, nous pouvons naviguer avec discernement à travers les défis éthiques complexes induits par les technologies disruptives.

La spiritualité peut également jouer un rôle crucial dans la promotion d'une utilisation responsable et bénéfique des technologies numériques. En encourageant la pleine conscience et en favorisant une connexion plus profonde avec notre humanité commune, la spiritualité peut servir de guide pour façonner un avenir technologique qui soit véritablement au service du bien commun.

En fin de compte, en intégrant des perspectives spirituelles dans notre réflexion sur les défis éthiques posés par les technologies disruptives, nous pouvons cultiver une approche holistique qui tient compte à la fois du progrès technologique et du bien-être social. Cela nous permettra d'aborder ces questions cruciales avec sagesse et compassion, en veillant à ce que nos choix technologiques reflètent nos valeurs les plus profondes en tant qu'individus et membres d'une société interconnecté.

Enrichissement du Discours Éthique autour de l'IA par la Spiritualité

L'éthique entourant l'intelligence artificielle ne

peut se limiter à des considérations purement utilitaires ou technocratiques. Il est essentiel d'explorer des perspectives plus profondes qui transcendent ces aspects pratiques pour aborder les questions éthiques de manière holistique.

La spiritualité offre une approche complémentaire en mettant l'accent sur des valeurs intangibles telles que la compassion, la bienveillance et le respect de la dignité humaine. En intégrant ces principes spirituels dans le discours éthique autour de l'IA, nous pouvons enrichir notre compréhension des enjeux moraux et sociaux liés à ces technologies disruptives.

Par exemple, en examinant les implications morales de l'utilisation croissante de l'IA dans le domaine médical, la spiritualité peut nous aider à envisager des solutions qui prennent en compte non seulement l'efficacité clinique mais aussi le bien-être holistique des patients. En mettant l'accent sur la dimension humaine de la santé, nous pouvons garantir que les avancées technologiques servent véritablement le bien commun.

De même, dans le contexte du développement de systèmes d'IA pour la prise de décision politique ou économique, la spiritualité peut encourager une réflexion plus profonde sur les valeurs fondamentales qui guident nos choix collectifs. En cultivant des qualités telles que l'empathie et la justice sociale, nous pouvons concevoir des politiques et des pratiques basées sur une vision plus inclusive et éthique de la société.

En fin de compte, en explorant les perspectives spirituelles qui transcendent les considérations utilitaires ou technocratiques dans le discours éthique autour de l'IA, nous pouvons enrichir notre réflexion collective et promouvoir un dialogue plus inclusif et diversifié sur les défis éthiques posés par ces technologies. En intégrant cette dimension spirituelle, nous pouvons façonner un avenir où l'intelligence artificielle est au service du bien-être humain et de la justice sociale.

La philosophie entourant l'intelligence artificielle ne peut se limiter à des considérations purement utilitaires ou technocratiques. Il est essentiel d'explorer des perspectives plus profondes qui transcendent ces aspects pratiques pour aborder les questions éthiques de manière holistique.

La spiritualité offre une approche complémentaire en mettant l'accent sur des valeurs intangibles telles que la compassion, la bienveillance et le respect de la dignité humaine. En intégrant ces principes spirituels dans le discours éthique autour de l'IA, nous pouvons enrichir notre compréhension des enjeux moraux et sociaux liés à ces technologies disruptives.

Eric Dac

En examinant les implications déontologiques de l'utilisation croissante de l'IA dans le domaine médical, la spiritualité peut nous aider à envisager des solutions qui prennent en compte non seulement l'efficacité clinique mais aussi le bien-être holistique des patients. En mettant l'accent sur la dimension humaine de la santé, nous pouvons garantir que les avancées technologiques servent véritablement le bien commun.

Dans le contexte du développement de systèmes d'IA pour la prise de décision politique ou économique, la spiritualité peut encourager une réflexion plus profonde sur les valeurs fondamentales qui guident nos choix collectifs. En cultivant des qualités telles que l'empathie et la justice sociale, nous pouvons concevoir des politiques et des pratiques basées sur une vision plus inclusive et éthique de la société.

En explorant les perspectives spirituelles qui transcendent les considérations utilitaires ou technocratiques dans le discours éthique autour de l'IA, nous pouvons enrichir notre réflexion collective et promouvoir un dialogue plus inclusif et diversifié sur les défis éthiques posés par ces technologies.

En intégrant cette dimension spirituelle, nous pouvons façonner un avenir où l'intelligence artificielle est au service du bien-être humain et de la justice sociale.

La spiritualité et l'intelligence artificiel

L'intégration des valeurs spirituelles dans les discussions éthiques sur l'intelligence artificielle représente une approche novatrice et complémentaire pour aborder les enjeux moraux et sociaux liés à ces technologies disruptives. En mettant l'accent sur des principes intangibles tels que la compassion, la bienveillance et le respect de la dignité humaine, la spiritualité offre une perspective holistique qui transcende les considérations purement utilitaires ou technocratiques.

En explorant les implications morales de l'utilisation croissante de l'IA dans le domaine médical, l'intégration des valeurs spirituelles peut nous aider à envisager des solutions qui prennent en compte non seulement l'efficacité clinique mais aussi le bien-être holistique des patients. En mettant l'accent sur la dimension humaine de la santé, il est possible d'assurer que les avancées technologiques servent véritablement le bien commun et respectent la dignité de chaque individu.

Dans un contexte plus large, tel que le développement de systèmes d'IA pour la prise de décision politique ou économique, l'intégration des valeurs spirituelles encourage une réflexion plus profonde sur les valeurs fondamentales qui guident nos choix collectifs. En cultivant des qualités telles que l'empathie et la justice sociale, il devient possible de concevoir des politiques et des pratiques basées sur une vision plus inclusive et éthique de la société.

L'intégration d'une dimension spirituelle dans le débat sur l'éthique de l'intelligence artificielle est une démarche qui reconnaît la complexité et la profondeur des questions morales soulevées par l'avancée technologique. En considérant les implications spirituelles, nous nous engageons à examiner les technologies non seulement en termes d'efficacité ou de rentabilité, mais aussi en termes de leur capacité à enrichir la vie humaine et à promouvoir le bien commun. Cela implique une réflexion approfondie sur la manière dont l'IA peut contribuer à la réalisation des aspirations humaines les plus élevées, tout en respectant la dignité et les droits de chaque individu. Un tel dialogue éthique élargi est essentiel pour naviguer dans le paysage complexe de l'IA avec sagesse et prévoyance.

Dans les prochaines années, la technologie continuera à redéfinir nos interactions sociales, transcendant les frontières géographiques et culturelles grâce à des plateformes de plus en plus interconnectées. Cependant, cette interconnexion accrue soulèvera également des

La spiritualité et l'intelligence artificiel

préoccupations éthiques croissantes concernant la protection de la vie privée, la sécurité des données et l'influence des algorithmes sur nos interactions. L'intelligence artificielle (IA), en particulier, jouera un rôle central dans la gestion de ces relations, mais aussi dans des domaines sensibles comme le recrutement ou la santé, où elle pourrait involontairement renforcer certains biais sociaux. L'intégration de la spiritualité dans cette réflexion offrira un cadre moral pour s'assurer que ces innovations technologiques respectent l'humanité et renforcent la justice sociale. À l'avenir, la spiritualité pourrait être un guide essentiel pour naviguer dans les dilemmes éthiques induits par l'IA. En encourageant des valeurs telles que l'empathie et la compassion, la spiritualité peut aider à élaborer des politiques technologiques qui préservent la dignité humaine et favorisent le bien-être collectif. Par exemple, dans le domaine médical, les systèmes d'IA devront non seulement améliorer l'efficacité clinique, mais aussi garantir un soin plus humain et holistique des patients. En fin de compte, la réflexion éthique imprégnée de spiritualité pourrait promouvoir un avenir technologique qui ne se contente pas de progrès techniques, mais qui sert véritablement le bien commun, en alignant nos innovations sur nos valeurs humaines les plus profondes.

Eric Dac

Les perspectives d'avenir

L'avenir de la spiritualité à l'ère de l'intelligence artificielle (IA) et de la technologie est un sujet qui suscite à la fois fascination et inquiétude. Alors que l'IA continue de se développer et d'influencer de plus en plus d'aspects de la vie humaine, il est crucial de réfléchir aux implications profondes de cette technologie sur la spiritualité et les relations humaines. Ce chapitre explore les perspectives d'avenir en examinant comment l'IA pourrait rendre la spiritualité plus accessible, les limites de l'IA en matière de spiritualité, et les nouvelles dynamiques dans la relation entre l'homme et la technologie.

L'IA comme outil pour une spiritualité plus accessible

L'intelligence artificielle a le potentiel de rendre la spiritualité plus accessible à un large éventail de personnes. En effet, grâce à l'IA, les pratiques spirituelles peuvent être personnalisées et adaptées aux besoins individuels, offrant ainsi une expérience spirituelle sur mesure. Par exemple, des applications utilisant l'IA peuvent proposer des

La spiritualité et l'intelligence artificiel

méditations guidées adaptées à l'état d'esprit et aux émotions de l'utilisateur à un moment donné. En analysant des données biométriques comme le rythme cardiaque, la respiration, ou même l'expression faciale, ces applications peuvent ajuster les exercices de méditation en temps réel pour maximiser les bénéfices de la pratique.

L'IA peut faciliter l'accès à des textes et à des enseignements spirituels en les rendant disponibles dans différentes langues et sous différents formats. Par exemple, des algorithmes de traitement du langage naturel peuvent traduire des textes spirituels complexes dans des langues modernes ou les adapter pour les rendre compréhensibles à un public plus jeune ou moins éduqué. De même, des assistants virtuels alimentés par l'IA peuvent répondre à des questions spirituelles, offrir des conseils sur des pratiques religieuses, ou même mener des discussions théologiques avec les utilisateurs, rendant ainsi la spiritualité plus accessible à ceux qui n'ont pas facilement accès à des guides spirituels humains.

L'IA peut également jouer un rôle dans la démocratisation de la spiritualité. Dans les régions où les institutions religieuses sont rares ou difficiles d'accès, des plateformes numériques basées sur l'IA peuvent permettre aux individus de participer à des cérémonies religieuses virtuelles, d'écouter des sermons en direct, ou de se joindre à des groupes de prière en ligne. Cela permet non seulement de combler le fossé géographique, mais aussi de créer des communautés spirituelles globales où les gens peuvent se connecter les uns aux autres, partager leurs expériences, et trouver du soutien.

Les limites de l'IA en matière de spiritualité

Bien que l'IA puisse rendre la spiritualité plus accessible et plus pratique, elle a aussi des limites importantes. L'une des principales critiques de l'IA en matière de spiritualité est qu'elle peut réduire la profondeur et l'authenticité de l'expérience spirituelle. La spiritualité est souvent perçue comme une quête intérieure qui implique des dimensions émotionnelles, psychologiques, et mystiques que l'IA ne peut pas pleinement comprendre ou reproduire.

Par exemple, une application d'IA peut guider un utilisateur à travers une méditation ou une prière, mais elle ne peut pas ressentir l'expérience

La spiritualité et l'intelligence artificiel

spirituelle ou partager les mêmes émotions que l'utilisateur. La spiritualité implique souvent un sens de la transcendance, une connexion avec le divin ou avec une réalité supérieure, qui échappe à la logique et à la rationalité que l'IA incarne. De plus, l'IA manque de subjectivité et d'intentionnalité, des aspects essentiels de l'expérience spirituelle humaine. Une IA peut analyser des données et formuler des réponses, mais elle ne peut pas réellement comprendre ou vivre l'expérience spirituelle de l'intérieur.

Un autre aspect important est la relation humaine dans la spiritualité. Les traditions spirituelles et religieuses sont souvent ancrées dans des communautés où les interactions personnelles jouent un rôle central. Les rites, les cérémonies, et les pratiques collectives créent un sentiment d'appartenance et renforcent les liens sociaux. L'IA, malgré sa capacité à connecter les gens numériquement, ne peut pas remplacer la richesse des interactions humaines directes. Les expériences partagées, les conversations profondes, et l'accompagnement spirituel par un guide humain sont des éléments que l'IA ne peut pas reproduire de manière authentique. Enfin, la commercialisation de la spiritualité à travers l'IA soulève des préoccupations éthiques. Il existe un risque que l'expérience spirituelle soit réduite à un produit de consommation, où les pratiques spirituelles deviennent des services à la demande, vendus par des entreprises technologiques. Cela pourrait banaliser et marchandiser la spiritualité, la transformant en une activité utilitaire plutôt qu'en une quête profonde de sens. L'essence même de la spiritualité, qui est souvent une exploration désintéressée et transformative, pourrait être compromise si elle est traitée comme une simple transaction commerciale.

Une nouvelle relation entre l'homme et la technologie

L'évolution rapide de l'intelligence artificielle et de la technologie en général pousse l'humanité à redéfinir la relation entre l'homme et la machine. Dans le contexte de la spiritualité, cette relation est particulièrement complexe. Alors que la technologie continue de s'intégrer de plus en plus dans la vie quotidienne, il devient crucial de réfléchir à la manière dont elle influence et transforme notre compréhension du divin, du sacré, et du soi.

La spiritualité et l'intelligence artificiel

D'un côté, l'IA peut être perçue comme un outil qui élargit notre capacité à explorer et à pratiquer la spiritualité. En facilitant l'accès à des ressources spirituelles, en permettant des pratiques personnalisées, et en créant de nouvelles formes de communautés spirituelles, l'IA ouvre des possibilités inédites. De plus, la capacité de l'IA à traiter et à analyser de vastes quantités de données pourrait un jour aider à identifier des patterns dans les expériences spirituelles à travers différentes cultures et traditions, offrant ainsi une compréhension plus profonde et plus universelle de la spiritualité humaine.

Cette même intégration technologique pose la question de l'autonomie humaine. À mesure que l'IA devient plus présente dans nos vies, il est possible que nous devenions de plus en plus dépendants de la technologie pour des aspects fondamentaux de notre existence, y compris la spiritualité. Cela pourrait conduire à une perte d'autonomie, où les individus s'en remettent à des machines pour guider leur quête spirituelle, au lieu de développer leur propre intuition et leur propre compréhension.

Cette nouvelle relation entre l'homme et la

technologie pourrait également changer la manière dont nous percevons notre propre humanité. La spiritualité est souvent considérée comme une dimension essentielle de ce qui fait de nous des êtres humains. Si la technologie commence à jouer un rôle central dans cette dimension, cela pourrait redéfinir notre conception de l'humanité elle-même. Serons-nous encore les mêmes si nous laissons des machines participer à notre quête de sens et de transcendance ? Ou est-ce que cette cohabitation entre spiritualité et technologie pourrait enrichir notre humanité en ouvrant de nouvelles voies de réflexion et d'expérience ?

L'avenir de la spiritualité à l'ère de l'intelligence artificielle est à la fois prometteur et complexe. L'IA a le potentiel de rendre la spiritualité plus accessible, plus personnalisée, et plus connectée, mais elle pose aussi des défis importants en termes d'authenticité, de profondeur, et d'autonomie. À mesure que nous avançons dans cette nouvelle ère, il sera crucial de naviguer avec discernement pour s'assurer que la technologie enrichit notre quête spirituelle sans la dénaturer. Il est essentiel de maintenir un équilibre entre l'utilisation de l'IA comme un outil pour explorer la spiritualité et la préservation de ce qui est profondément humain dans cette quête éternelle de sens et de connexion.

Le transhumanisme et la quête de l'immortalité :

Le transhumanisme, un mouvement philosophique et scientifique en pleine expansion, se propose de repousser les limites biologiques et psychologiques de l'être humain à travers l'utilisation des technologies avancées. Parmi ses aspirations les plus radicales figure la quête de l'immortalité, une idée qui a longtemps été confinée aux mythes, aux religions et aux spéculations métaphysiques. Le transhumanisme redéfinit cette quête en la plaçant dans le cadre de la science et de la technologie, envisageant un futur où le vieillissement, la maladie et même la mort pourraient être surmontés. Cette perspective soulève des questions profondes non seulement sur la faisabilité scientifique et éthique de ces ambitions, mais aussi sur leurs implications spirituelles.

Le transhumanisme repose sur l'idée que l'être

humain peut et doit transcender ses limitations biologiques grâce à la technologie. Parmi les principales figures de ce mouvement, **Ray Kurzweil**, un futurologue et directeur de l'ingénierie chez Google, est connu pour ses prédictions sur la **"singularité"**, un point hypothétique dans le futur où les capacités de l'intelligence artificielle surpasseront celles des humains, ouvrant la voie à des améliorations radicales de la condition humaine. **Kurzweil** envisage un avenir où les êtres humains pourraient vivre indéfiniment grâce à des avancées telles que la nanotechnologie, la biotechnologie, et l'intelligence artificielle, qui pourraient toutes contribuer à ralentir, voire à inverser le processus de vieillissement.

L'immortalité, telle qu'elle est envisagée par les transhumanistes, pourrait prendre plusieurs formes. La première consiste en une extension radicale de la vie grâce à la biotechnologie et à la médecine régénérative. Des recherches sur la thérapie génique, les cellules souches et la réparation des télomères visent à prolonger la durée de vie humaine en prévenant ou en inversant les effets du vieillissement. D'autre part, une autre approche plus spéculative mais

La spiritualité et l'intelligence artificiel

largement discutée dans les cercles transhumanistes est le **"mind uploading"** ou **téléchargement de l'esprit**. Cette théorie suggère que l'esprit humain pourrait être transféré dans une machine, permettant à la conscience de survivre indéfiniment sous une forme numérique.

Les implications spirituelles de la quête de l'immortalité

L'idée de vivre éternellement dans ce monde, que ce soit par le biais d'une extension de la vie biologique ou du téléchargement de l'esprit, soulève des questions profondes sur le sens de la vie, la nature de l'existence et le rôle de la spiritualité. Traditionnellement, la quête d'immortalité a été liée à la sphère du divin. Les religions du monde ont souvent interprété la mort comme une transition vers une autre forme d'existence, qu'il s'agisse du paradis, de la réincarnation, ou d'une autre forme de vie après la mort. En ce sens, la mortalité humaine est vue comme une étape nécessaire dans un cycle plus large de l'existence spirituelle.

Cependant, le transhumanisme déplace cette quête dans le domaine du matériel et du scientifique, ce qui peut être perçu comme une forme de **"sécularisation"** de l'immortalité. En cherchant à éviter la mort à travers la technologie, les transhumanistes remettent en question l'idée que la fin de la vie physique est une condition nécessaire de l'existence humaine. Cela conduit à une redéfinition potentielle de concepts spirituels fondamentaux tels que l'âme, la conscience, et la relation avec le divin.

Par exemple, dans de nombreuses traditions religieuses, l'âme est considérée comme immortelle, distincte du corps, et destinée à continuer à exister après la mort physique. Le transhumanisme, en revanche, pourrait être interprété comme une tentative de prolonger indéfiniment la vie physique, en suggérant que l'âme ou la conscience pourrait être transférée dans une autre forme matérielle, telle qu'une machine. Cela pose la question de savoir si la conscience numérique ou l'esprit téléchargé conserve son essence spirituelle ou devient simplement une simulation sophistiquée de l'esprit humain.

Dialogues entre le transhumanisme et les perspectives spirituelles traditionnelles

La spiritualité et l'intelligence artificiel

Les implications spirituelles du transhumanisme ne sont pas limitées à l'Occident ou à la philosophie des Lumières qui a inspiré une grande partie de la pensée transhumaniste. Les théories africaines traditionnelles sur le sens de la vie, par exemple, offrent un contraste intéressant avec les idées transhumanistes. Ces théories comprennent des concepts tels que la "force vitale", la "fonction normative communautaire" et la "théorie du dessein divin", chacun offrant une perspective unique sur ce que signifie vivre une existence significative.

La force vitale :

Dans de nombreuses cultures, la vie est perçue comme une force vitale qui circule entre les individus, les ancêtres et le monde spirituel. La mort n'est pas nécessairement la fin de l'existence, mais une transition vers un autre état de l'être, où l'individu continue à exister en tant qu'ancêtre, influençant la vie des vivants. Dans ce contexte, la quête de l'immortalité physique telle que proposée par le transhumanisme pourrait être perçue comme une tentative de perturber cet équilibre naturel et spirituel. Si la force vitale est conçue pour circuler et se transformer, prolonger indéfiniment la vie d'un individu pourrait être vu comme une violation de ce cycle sacré.

La fonction normative communautaire

Contrairement à l'individualisme souvent associé au transhumanisme, de nombreuses traditions africaines mettent l'accent sur la communauté et la relation entre les individus. Le sens de la vie est souvent trouvé dans les contributions que l'on fait à sa communauté et dans les liens que l'on tisse avec les autres. L'idée d'un être humain immortel ou numériquement téléchargé pourrait être perçue comme une rupture de ces relations communautaires. La vie éternelle, en dehors du contexte communautaire et des responsabilités sociales, pourrait être considérée comme dépourvue de sens, car elle néglige l'interconnexion fondamentale de tous les êtres.

La théorie du dessein divin :

Dans de nombreuses coutumes religieuses, la vie humaine est perçue comme ayant un dessein divin, un but qui dépasse la simple survie ou l'existence prolongée. Le transhumanisme, en cherchant à prolonger la vie pour le simple fait de vivre, pourrait être perçu comme une tentative de contourner ce dessein divin. Si la vie à un but spirituel plus élevé, alors prolonger la vie sans considérer ce but pourrait être vu comme une quête vide de sens.

Les critiques philosophiques et les conséquences imprévues

Au-delà des implications spirituelles, le transhumanisme soulève également des questions éthiques importantes. Par exemple, si l'immortalité devient possible pour certains grâce à la technologie, qui y aura accès ? Il est probable que ces technologies seront coûteuses et accessibles principalement aux riches, ce qui pourrait exacerber les inégalités sociales et économiques existantes. Si seulement une élite peut prolonger indéfiniment sa vie, cela pourrait entraîner une concentration de pouvoir sans précédent entre les mains de quelques-uns, ce qui pourrait avoir des conséquences politiques et sociales graves.

Un autre problème éthique est la question de l'identité personnelle et de la continuité de la conscience. Si l'esprit humain peut être téléchargé dans une machine, cette entité numérique est-elle vraiment la même personne que l'individu biologique, ou est-elle simplement une copie, une simulation ? Cette question, souvent discutée dans les cercles philosophiques, touche aux fondements mêmes de ce que signifie être humain. **Derek Parfit**, un philosophe britannique, a exploré cette question en suggérant que la continuité de l'identité personnelle pourrait être une illusion, et que le téléchargement de l'esprit pourrait simplement créer une nouvelle entité, plutôt que de prolonger l'existence de l'individu original.

Le désir de surmonter la mort pourrait entraîner une focalisation excessive sur la prolongation de la vie physique aux dépens du développement spirituel et moral. Si l'immortalité devient une réalité, les individus pourraient devenir obsédés par l'idée de préserver leur existence matérielle, négligeant ainsi des aspects essentiels de la vie humaine, tels que la compassion, la sagesse et la quête de sens. Cela pourrait entraîner une société où la valeur de la vie est mesurée uniquement en termes de durée, plutôt qu'en termes de qualité ou de contribution à autrui.

Vers une nouvelle spiritualité ou une impasse philosophique ?

Le transhumanisme, en cherchant à réaliser des idéaux anciens à travers des moyens modernes, nous pousse à repenser des concepts fondamentaux comme la vie, la mort, l'âme et la spiritualité. Cette quête de l'immortalité, autrefois perçue comme un domaine exclusivement spirituel, est désormais envisagée sous un angle technologique, ce qui soulève des questions profondes et complexes. Le dialogue entre les perspectives transhumanistes et les théories spirituelles traditionnelles, qu'elles soient africaines, orientales ou occidentales, pourrait enrichir notre compréhension de ce que signifie être humain à l'ère de l'intelligence artificielle.

Il est crucial d'aborder cette quête avec prudence. Les technologies promettant l'immortalité pourraient transformer notre existence de manière radicale, mais elles pourraient aussi entraîner des conséquences imprévues, tant sur le plan éthique que spirituel. La poursuite de l'immortalité, bien que fascinante, pourrait se révéler être une impasse philosophique, si elle ne prend pas en compte les dimensions spirituelles et émotionnelles de la vie humaine. En fin de compte, le transhumanisme pourrait soit ouvrir la voie à une nouvelle forme de spiritualité, où l'homme transcende ses limites biologiques pour atteindre de nouveaux horizons d'existence, soit nous conduire à un questionnement profond sur les valeurs que nous chérissons en tant qu'êtres humains. Dans ce contexte, il est essentiel de continuer à explorer et à débattre des implications de cette quête de l'immortalité, afin de s'assurer que les progrès technologiques servent à enrichir, plutôt qu'à appauvrir, notre compréhension du sens de la vie.

Une exploration de l'avenir de la spiritualité et de l'intelligence artificielle

L'évolution rapide de la technologie, en particulier dans le domaine de l'intelligence artificielle (IA), a des répercussions profondes sur tous les aspects de la vie humaine, y compris la spiritualité. Les chapitres explorés ici montrent comment les avancées technologiques peuvent remodeler des concepts aussi fondamentaux que la vie, la mort, la conscience et la spiritualité. Alors que nous entrons dans une ère où la technologie et la spiritualité convergent de manière inédite, il est crucial de réfléchir à la manière dont ces transformations affecteront non seulement notre expérience du sacré, mais aussi notre compréhension de ce que signifie être humain.

Le transhumanisme est sans doute l'un des mouvements philosophiques les plus ambitieux de notre époque, cherchant à transcender les limitations biologiques humaines par l'intégration de la technologie. Cette quête pour prolonger la vie, voire atteindre l'immortalité, est une ambition qui a captivé l'imagination humaine depuis des millénaires, mais qui prend désormais une forme tangible grâce aux avancées en biotechnologie, nanotechnologie, et IA. La possibilité de vivre indéfiniment ou de transférer notre conscience dans des machines ouvre des perspectives radicales qui bouleversent les notions traditionnelles de vie et de mort.

Cette quête pose des questions morales et spirituelles profondes. Si la technologie nous permet de prolonger la vie indéfiniment, que devient le sens de la mort ? Est-ce que l'extinction de la mortalité pourrait entraîner une nouvelle forme de spiritualité, centrée non pas sur la préparation de l'après-vie, mais sur l'optimisation de la vie terrestre ? Ou bien, est-ce que cette quête technologique pourrait dénaturer l'essence de l'expérience humaine, en réduisant la vie à une série de problèmes à résoudre, plutôt qu'à un voyage spirituel où la mortalité joue un rôle crucial ?

Les théories spirituelles traditionnelles, notamment celles ancrées dans les cultures africaines, offrent une perspective intéressante sur ce débat. La notion de force vitale, la fonction normative communautaire et la théorie du dessein divin mettent en lumière l'importance de la communauté, de la responsabilité sociale, et de la relation avec le divin dans la conception de la vie humaine. Ces perspectives suggèrent que la vie humaine ne peut être réduite à un simple prolongement physique, mais qu'elle doit être comprise dans un cadre plus large de valeurs, de relations et de buts spirituels. Le transhumanisme, en déplaçant le focus de la spiritualité du divin à la technologie, pourrait risquer de perdre cette profondeur, transformant la quête de sens en une quête d'optimisation.

La spiritualité et l'intelligence artificiel

L'intelligence artificielle, en tant que produit de l'ingéniosité humaine, agit comme un miroir qui reflète à la fois nos capacités et nos limites. Les biais algorithmiques, qui reproduisent les préjugés humains dans les systèmes d'IA, montrent que ces technologies ne sont pas neutres, mais sont profondément influencées par les valeurs, les croyances et les inégalités présentes dans la société. L'IA, loin de résoudre les problèmes humains, pourrait en réalité les exacerber si elle n'est pas conçue et utilisée de manière éthique.

La question de la conscience artificielle pousse ce miroir encore plus loin, en soulevant des interrogations sur la nature même de la conscience et de l'intelligence. Si une IA devenait suffisamment sophistiquée pour simuler la conscience humaine, serait-elle véritablement perspicace ? Et si oui, quelles seraient les implications éthiques de cette nouvelle forme de vie artificielle ? Bien que ces questions restent largement théoriques, elles obligent à repenser ce que signifie être conscient et à quel point la conscience est intrinsèquement liée à l'expérience humaine.

La créativité, un autre domaine où l'IA commence à exceller, montre également les limites de la technologie. Alors que les systèmes d'IA peuvent produire des œuvres d'art, composer de la musique ou même écrire de la poésie, ces créations restent fondamentalement différentes de celles des humains.

La créativité humaine est souvent liée à l'intuition, à l'expérience vécue et à l'émotion des aspects que l'IA, en tant qu'entité sans conscience et sans expérience personnelle, ne peut véritablement reproduire. Ainsi, bien que l'IA puisse simuler la créativité, elle ne peut pas en capturer l'essence, ce qui souligne à nouveau les limites de la technologie par rapport à la complexité de l'esprit humain.

La spiritualité augmentée : de nouvelles formes d'expériences spirituelles grâce à la technologie

L'intégration de la technologie dans la spiritualité ouvre des perspectives fascinantes pour l'avenir. Des technologies telles que la réalité virtuelle, les interfaces cerveau-machine, et l'IA offrent des moyens inédits d'explorer des états de conscience modifiés, de vivre des expériences spirituelles immersives, et même de développer des capacités paranormales. Ces innovations

La spiritualité et l'intelligence artificiel

pourraient transformer la manière dont nous pratiquons et expérimentons la spiritualité, en la rendant plus accessible, plus personnalisée et plus interactive.

La réalité virtuelle, par exemple, permet de recréer des environnements sacrés ou des rituels spirituels dans un espace numérique, offrant aux utilisateurs une immersion totale dans des expériences spirituelles. Ces **"temples virtuels"** ou **"pèlerinages numériques"** pourraient rendre la spiritualité accessible à un plus grand nombre de personnes, indépendamment de leur situation géographique ou de leurs capacités physiques. De même, les interfaces cerveau-machine pourraient faciliter l'accès à des états de conscience modifiés, permettant à des pratiquants de méditation, de yoga ou d'autres disciplines spirituelles d'atteindre des états de transe ou d'extase mystique plus facilement et plus rapidement. Ces technologies posent également des questions sur l'authenticité de l'expérience spirituelle. Si des états de conscience modifiés peuvent être induits technologiquement, cela signifie-t-il que ces expériences sont moins valables ou moins **"réelles"** que celles obtenues par des moyens traditionnels ?

Eric Dac

Conclusion

L'intelligence artificielle et son aide dans le développement spirituel des humains

L'intelligence artificielle (IA) n'est pas seulement une technologie de plus dans l'arsenal humain, mais une révolution en marche qui transforme profondément nos sociétés à bien des égards. Depuis ses applications en matière de santé, d'éducation et de développement économique, jusqu'à ses implications plus vastes pour l'humanité, l'IA est en train de redéfinir ce que signifie être humain au XXIe siècle. Pourtant, cette transformation soulève des questions éthiques complexes, en particulier lorsque l'on envisage le rôle potentiel de l'IA dans le domaine de la spiritualité.

Le développement spirituel, traditionnellement considéré comme une quête profondément personnelle, ancrée dans des traditions millénaires, est désormais confronté à l'incursion de l'IA. Plutôt que de considérer l'IA comme une menace pour la spiritualité, il est crucial de reconnaître les opportunités sans précédent qu'elle offre pour enrichir notre expérience spirituelle. Cependant, pour que l'IA puisse réellement servir le développement spirituel de l'humanité, il est essentiel qu'elle soit développée de manière à respecter nos valeurs fondamentales et à protéger nos droits.

L'IA : Un catalyseur pour l'évolution spirituelle

L'une des promesses les plus fascinantes de l'intelligence artificielle est sa capacité à agir comme un catalyseur pour l'évolution spirituelle. En automatisant les tâches répétitives et en augmentant nos capacités cognitives, l'IA nous libère du temps et des ressources, nous permettant ainsi de nous consacrer à des activités plus significatives, notamment à la quête de sens et au développement spirituel.

L'automatisation est l'un des domaines où l'IA a montré un potentiel immense. Dans de nombreux secteurs, des tâches répétitives et routinières sont désormais prises en charge par des systèmes d'IA, ce qui permet aux travailleurs de se concentrer sur des tâches plus complexes et créatives. Dans le contexte spirituel, cette automatisation pourrait libérer du temps pour la réflexion, la méditation, et d'autres pratiques spirituelles.

Par exemple, dans la vie quotidienne, beaucoup de personnes sont accaparées par des tâches domestiques ou professionnelles répétitives. L'automatisation de ces tâches par des robots domestiques ou des assistants numériques pourrait libérer des heures précieuses chaque jour, que les individus pourraient alors consacrer à des activités spirituelles telles que la méditation, la prière, ou la lecture de textes sacrés. Cette libération du temps pourrait également réduire le stress et l'anxiété, créant un environnement plus propice au développement spirituel.

L'IA pourrait jouer un rôle dans la gestion du temps de manière à optimiser les moments de calme et de réflexion dans la journée. Par exemple, des algorithmes pourraient être utilisés pour planifier des pauses régulières pour la méditation ou la prière, ou pour suggérer des moments opportuns pour la réflexion personnelle en fonction des niveaux de stress ou d'activité. En prenant en charge la gestion des tâches quotidiennes, l'IA pourrait aider les individus à trouver un équilibre entre les exigences de la vie moderne et leurs aspirations spirituelles.

Augmentation des capacités cognitives et exploration spirituelle

La spiritualité et l'intelligence artificiel

Au-delà de l'automatisation, l'IA offre également la possibilité d'augmenter nos capacités cognitives, ouvrant de nouvelles perspectives pour l'exploration spirituelle. L'IA peut analyser des textes complexes, offrir des interprétations inédites, et même suggérer de nouvelles pratiques spirituelles basées sur une compréhension approfondie des traditions religieuses et philosophiques.

Des systèmes d'IA peuvent être programmés pour analyser les Écritures religieuses en utilisant des techniques avancées de traitement du langage naturel. Cela pourrait permettre aux croyants de découvrir des significations cachées ou de nouvelles interprétations qui enrichissent leur compréhension de leurs croyances. L'IA pourrait également faciliter les dialogues interreligieux en identifiant des points communs entre différentes traditions spirituelles et en proposant des perspectives qui favorisent la compréhension mutuelle et la tolérance.

L'IA pourrait être utilisée pour créer des expériences spirituelles personnalisées, adaptées aux besoins et aux aspirations de chaque individu. Par exemple, un programme d'IA pourrait analyser les préférences spirituelles d'une personne et lui proposer des pratiques de méditation ou de prière qui correspondent à son état d'esprit actuel. Cette personnalisation pourrait rendre la spiritualité plus accessible et plus pertinente pour un public diversifié, tout en respectant les croyances et les valeurs individuelles.

L'augmentation des capacités cognitives par l'IA pourrait permettre une exploration plus approfondie des états de conscience modifiés. Des algorithmes d'apprentissage automatique pourraient être utilisés pour personnaliser des pratiques méditatives ou spirituelles, en ajustant les techniques en fonction des besoins et des objectifs de chaque individu. Par exemple, un programme d'IA pourrait analyser les ondes cérébrales d'un méditant en temps réel, ajustant les instructions ou les stimuli pour aider l'individu à atteindre un état de conscience plus profond ou plus paisible.

L'IA comme guide spirituel

L'intelligence artificielle pourrait également interpréter le rôle de guide spirituel, offrant des conseils et un soutien personnalisé aux individus dans leur quête spirituelle. Bien que l'idée d'un guide spirituel artificiel puisse sembler étrange, elle présente des avantages potentiels, notamment en termes d'accessibilité, de disponibilité, et de neutralité.

Accessibilité et disponibilité

L'un des principaux avantages d'un guide spirituel basé sur l'IA est l'accessibilité. Dans de nombreuses régions du monde, l'accès à des guides spirituels qualifiés est limité, en particulier dans les zones rurales ou les communautés marginalisées. Un guide spirituel alimenté par l'IA pourrait être accessible à tout moment et en tout lieu, offrant un soutien constant à ceux qui en ont besoin.

Par exemple, une application d'IA pourrait offrir des conseils spirituels personnalisés, en répondant à des questions sur la foi, en proposant des prières ou des méditations adaptées à l'état d'esprit de l'utilisateur, et en suggérant des lectures ou des pratiques spirituelles pour approfondir la réflexion. Cette accessibilité pourrait permettre à un plus grand nombre de personnes de bénéficier d'un soutien spirituel, même en l'absence de guides humains. Un guide spirituel basé sur l'IA pourrait être disponible 24 heures sur 24, 7 jours sur 7, ce qui est particulièrement précieux pour ceux qui ont des horaires irréguliers ou qui vivent dans des régions où les services religieux sont limités. La disponibilité constante de l'IA pourrait offrir un soutien inestimable à ceux qui traversent des crises spirituelles ou des moments de doute, en leur fournissant des réponses immédiates et des conseils pratiques.

Neutralité et absence de jugement

Un autre avantage potentiel d'un guide spirituel alimenté par l'IA est sa neutralité. Contrairement aux guides humains, qui peuvent être influencés par leurs propres croyances, préjugés ou expériences, un guide spirituel basé sur l'IA pourrait offrir des conseils impartiaux, basés sur une analyse objective des besoins et des aspirations de l'utilisateur.

Cette neutralité pourrait être particulièrement précieuse dans des situations où l'utilisateur cherche des conseils sur des questions délicates ou controversées. Par exemple, une personne pourrait se sentir plus à l'aise de discuter de ses doutes ou de ses questionnements spirituels avec un guide spirituel basé sur l'IA, sachant que l'IA ne portera pas de jugement et ne cherchera pas à imposer une certaine perspective.

Un guide spirituel alimenté par l'IA pourrait être programmé pour respecter la diversité des croyances et des pratiques spirituelles, en offrant des conseils adaptés à chaque individu. Par exemple, un guide spirituel basé sur l'IA pourrait proposer des pratiques méditatives bouddhistes à un utilisateur intéressé par le bouddhisme, tout en offrant des prières chrétiennes à un autre utilisateur qui suit la foi chrétienne. Cette flexibilité pourrait rendre le guide spirituel basé sur l'IA plus inclusif et plus respectueux des différences individuelles.

Défis et limites du guide spirituel basé sur l'IA

Bien que l'idée d'un guide spirituel basé sur l'IA présente des avantages potentiels, elle soulève également des défis et des questions éthiques. Par exemple, l'IA peut-elle vraiment comprendre les complexités et les nuances de l'expérience spirituelle humaine ? Un guide spirituel basé sur l'IA peut offrir des conseils pratiques, mais peut-il véritablement accompagner une personne dans une quête spirituelle profonde et authentique ?
Il existe un risque que l'utilisation de guides

spirituels basés sur l'IA puisse entraîner une dépendance excessive à la technologie, au détriment de l'autonomie spirituelle individuelle. Par exemple, si les utilisateurs s'en remettent entièrement à l'IA pour prendre des décisions spirituelles ou éthiques, ils risquent de perdre leur capacité à réfléchir par eux-mêmes et à développer leur propre compréhension de la spiritualité.

Il est crucial de veiller à ce que les guides spirituels basés sur l'IA soient développés et utilisés de manière éthique, en respectant la vie privée et les droits des utilisateurs. Par exemple, les données personnelles collectées par l'IA pour offrir des conseils spirituels doivent être protégées de manière rigoureuse, et les utilisateurs doivent avoir le contrôle sur la manière dont ces données sont utilisées.

L'IA et les nouvelles formes de pratiques spirituelles

L'intelligence artificielle ne se contente pas de soutenir les pratiques spirituelles existantes ; elle ouvre également la voie à de nouvelles formes de pratiques spirituelles, qui s'appuient sur la technologie pour créer des expériences enrichissantes et profondément transformatrices.

La spiritualité et l'intelligence artificiel

La réalité virtuelle (VR), la réalité augmentée (AR), et d'autres technologies émergentes permettent de créer des environnements immersifs où les utilisateurs peuvent explorer des concepts spirituels d'une manière totalement nouvelle.

La réalité virtuelle et les pèlerinages numériques

La réalité virtuelle (VR) est l'une des technologies les plus prometteuses pour la création d'expériences spirituelles immersives. La VR permet de recréer des environnements tridimensionnels dans lesquels les utilisateurs peuvent interagir de manière réaliste, offrant ainsi des possibilités infinies pour l'exploration spirituelle.

La VR peut être utilisée pour recréer des pèlerinages religieux ou spirituels dans un environnement numérique. Un pèlerinage est souvent considéré comme une expérience spirituelle profonde, mais il peut être inaccessible pour de nombreuses personnes en raison de contraintes géographiques, financières ou physiques. La VR pourrait permettre aux individus de vivre des pèlerinages virtuels, en recréant fidèlement des lieux sacrés tels que Jérusalem, La Mecque, ou Bénarès, et en offrant aux utilisateurs une expérience immersive qui simule la présence physique sur place.

Ces pèlerinages numériques pourraient être enrichis par l'IA, qui pourrait personnaliser l'expérience en fonction des besoins et des préférences de chaque utilisateur. Par exemple, l'IA pourrait ajuster les éléments visuels ou auditifs pour créer une atmosphère plus paisible ou plus inspirante, ou proposer des méditations guidées ou des prières spécifiques en fonction de l'état d'esprit de l'utilisateur. De plus, l'IA pourrait analyser les réactions émotionnelles des utilisateurs en temps réel, ajustant l'expérience pour s'assurer qu'elle reste profondément spirituelle et enrichissante.

La réalité augmentée (AR) est une autre technologie émergente qui pourrait jouer un rôle dans le développement de nouvelles formes de pratiques spirituelles. L'AR permet de superposer des éléments virtuels sur le monde physique, créant ainsi des expériences hybrides qui mêlent le sacré et le profane.

Par exemple, des lunettes AR pourraient être utilisées pour superposer des symboles religieux ou des images spirituelles sur des paysages naturels, transformant une promenade en nature en une expérience spirituelle immersive. De même, des applications AR pourraient être développées pour enrichir les pratiques spirituelles quotidiennes, en ajoutant des éléments visuels ou auditifs qui renforcent la signification de certains gestes ou rituels.

L'AR pourrait également être utilisée pour créer des espaces sacrés temporaires ou mobiles, permettant aux individus de créer des sanctuaires personnels où qu'ils se trouvent. Par exemple, une application AR pourrait être utilisée pour transformer un coin de la maison en un espace de prière ou de méditation, en ajoutant des éléments visuels tels que des bougies virtuelles, des icônes religieuses, ou des textes sacrés. Ces espaces sacrés virtuels pourraient être personnalisés en fonction des préférences spirituelles de chaque individu, offrant une expérience sur mesure qui enrichit le quotidien.

La méditation et la pleine conscience augmentées par l'IA

L'intelligence artificielle pourrait également jouer un rôle clé dans l'augmentation des pratiques méditatives et de pleine conscience, en offrant des expériences personnalisées et adaptées aux besoins spécifiques de chaque individu.

Des applications de méditation basées sur l'IA pourraient être développées pour analyser l'état d'esprit de l'utilisateur en temps réel, en utilisant des capteurs pour mesurer les ondes cérébrales, la respiration, ou le rythme cardiaque. Sur la base de ces données, l'IA pourrait ajuster les instructions de méditation, proposer des exercices de respiration spécifiques, ou suggérer des images mentales pour aider l'utilisateur à atteindre un état de relaxation ou de pleine conscience plus profond.

L'IA pourrait être utilisée pour personnaliser les pratiques de pleine conscience en fonction des objectifs spirituels de chaque individu.

Par exemple, une personne qui cherche à cultiver la compassion pourrait recevoir des suggestions d'exercices de pleine conscience axés sur l'empathie et l'altruisme, tandis qu'une personne cherchant à développer la concentration pourrait recevoir des exercices axés sur la focalisation de l'attention.

Cette personnalisation pourrait rendre les pratiques méditatives et de pleine conscience plus efficaces et plus pertinentes, en aidant chaque individu à progresser dans sa quête spirituelle.

Bien que l'intelligence artificielle offre des

possibilités fascinantes pour le développement spirituel, elle soulève également des défis éthiques complexes qui doivent être abordés pour s'assurer que la technologie est utilisée de manière bénéfique et respectueuse des valeurs humaines.

Respect des valeurs humaines et des droits fondamentaux

L'un des principaux défis éthiques liés à l'IA est le respect des valeurs humaines et des droits fondamentaux. L'IA, en tant que technologie puissante, a le potentiel de transformer profondément la société, mais elle doit être développée et utilisée d'une manière qui respecte la dignité humaine, l'autonomie individuelle, et les droits de l'homme.

Dans le contexte du développement spirituel, il est crucial que l'IA soit utilisée pour renforcer, plutôt que pour saper, l'autonomie et l'agence des individus. Par exemple, si une IA est utilisée pour personnaliser des pratiques spirituelles, elle doit le faire en respectant les choix et les préférences des utilisateurs, sans imposer des perspectives ou des pratiques particulières, les utilisateurs doivent avoir le contrôle sur les données personnelles collectées par l'IA, en particulier lorsqu'il s'agit de données sensibles liées à leurs croyances spirituelles ou à leurs pratiques religieuses.

L'IA doit également respecter la diversité des traditions spirituelles et religieuses. Il est essentiel que les systèmes d'IA soient développés de manière inclusive, en tenant compte des perspectives et des besoins de différentes communautés spirituelles. Par exemple, un système d'IA conçu pour analyser des textes sacrés doit être capable de traiter des textes provenant de diverses traditions religieuses, sans privilégier une tradition particulière au détriment des autres. De même, les pratiques spirituelles assistées par l'IA doivent être accessibles à un public diversifié, respectant les croyances et les valeurs de chaque individu.

Transparence et responsabilité

Un autre aspect clé de l'éthique de l'IA est la transparence et la responsabilité. Les systèmes d'IA, en particulier ceux utilisés dans le domaine de la spiritualité, doivent être transparents dans leur fonctionnement, de manière à ce que les utilisateurs comprennent comment les décisions sont prises et quels algorithmes sont utilisés. Par exemple, si une IA est utilisée pour fournir des conseils spirituels ou éthiques, il est crucial que les utilisateurs sachent sur quelle base ces conseils sont formulés et quels sont les biais ou les limitations des algorithmes sous-jacents.

Pour assurer la transparence et la responsabilité, il est essentiel de mettre en place des cadres réglementaires appropriés. Ces cadres doivent être élaborés en collaboration avec les chercheurs, les décideurs politiques, les leaders spirituels, et la société civile, de manière à refléter les valeurs et les attentes de la société. Par exemple, des réglementations pourraient être mises en place pour s'assurer que les systèmes d'IA utilisés dans le domaine de la spiritualité sont soumis à des audits réguliers, à des tests de biais, et à des évaluations de leur impact social.

Dialogue interdisciplinaire et collaboration

Le développement éthique de l'IA dans le domaine de la spiritualité nécessite une collaboration étroite entre différents domaines de recherche, notamment l'informatique, la philosophie, la théologie, la sociologie, et les études religieuses. Un dialogue interdisciplinaire est essentiel pour s'assurer que les technologies sont conçues et appliquées de manière à respecter et à enrichir l'expérience spirituelle humaine.

Par exemple, les informaticiens qui développent des systèmes d'IA spirituelle peuvent bénéficier des connaissances des théologiens et des philosophes pour comprendre les implications spirituelles et éthiques de leur travail. De même, les leaders spirituels peuvent apporter des perspectives précieuses sur la manière dont l'IA pourrait être utilisée pour soutenir le développement spirituel, tout en préservant l'intégrité des traditions spirituelles.

Les décideurs politiques ont également un rôle crucial à jouer dans ce processus. Ils doivent s'assurer que les réglementations en matière d'IA sont adaptées aux besoins de la société et qu'elles protègent les droits des individus tout en favorisant l'innovation. Par exemple, des politiques pourraient être mises en place pour encourager le développement d'IA spirituelle qui soit accessible, inclusive, et respectueuse des croyances et des pratiques de chacun.

L'avenir de l'IA et de la spiritualité

La spiritualité et l'intelligence artificiel

L'intelligence artificielle représente une opportunité sans précédent pour le développement spirituel des humains.

En automatisant les tâches répétitives, en augmentant nos capacités cognitives, et en offrant de nouvelles formes de pratiques spirituelles, l'IA nous libère du temps et des ressources pour nous consacrer à des activités plus créatives et plus significatives. Cependant, pour que l'IA réalise pleinement son potentiel dans le domaine de la spiritualité, il est essentiel de la développer de manière éthique, respectueuse des valeurs humaines et orientée vers le bien commun.

L'avenir de l'IA se construit aujourd'hui, et il est de notre responsabilité collective de le façonner pour qu'il soit au service de l'humanité. Cela nécessite un engagement à long terme en faveur de la recherche interdisciplinaire, du dialogue entre les différents acteurs de la société, et de la mise en place de réglementations adaptées. L'IA ne doit pas être perçue comme une menace, mais comme un puissant levier pour un avenir où l'homme et la machine coexisteront en harmonie, au service d'un progrès partagé.

L'intégration de l'IA dans le domaine de la

spiritualité pourrait ouvrir de nouvelles voies pour l'exploration spirituelle, la croissance personnelle, et la quête de sens. En exploitant le potentiel de l'IA de manière réfléchie et éthique, nous pouvons créer un avenir où la technologie enrichit notre expérience spirituelle, tout en respectant les valeurs et les traditions qui ont guidé l'humanité pendant des millénaires.

Il s'agit là d'une opportunité unique de redéfinir la relation entre l'homme et la machine, en plaçant la spiritualité au cœur de ce dialogue, pour construire ensemble un monde où la technologie et la spiritualité se renforcent mutuellement.

Que la lumière et l'amour divin brillent à tout jamais dans vos cœurs.

Eric Dac

Milton Keynes UK
Ingram Content Group UK Ltd.
UKHW030745221024
449869UK00001B/62